Edmund Zöller,
Wehrkirchen und Kirchenburgen in Unterfranken

Edmund Zöller

# *WEHRKIRCHEN UND KIRCHENBURGEN IN UNTERFRANKEN*

*Steigerwald – Rhön – Spessart – Fränk. Weinland*

*Fränkische Wehrkirchenstraße Teil 3*

*mit Fotos von Dieter Dietrich*

Jürgen [illegible]

5/95

SEEHARS

*Edmund Zöller, Wehrkirchen und Kirchenburgen in Unterfranken*

*1. Auflage 1994*
*Gesamtherstellung: Schneider Druck, Rothenburg ob der Tauber*
*Umschlag und Karte: Werner Sturm*
*ISBN: 3-927598-14-3*

## Geleitwort

*Auf der Straße zu fränkischen Wehrkirchen führt uns diesmal Edmund Zöller in seiner dritten Veröffentlichung durch Unterfranken, seine ursprüngliche Heimat. Man spürt es, wenn die Reise an den Untermain geht, in die Umgebung bei Wertheim, wo die reichlich geschmückten Wehrkirchen von Kreuzwertheim, Eichel, Urphar und Dertingen als sehenswerte Reiseziele beschrieben werden. Die beiden vorhergehenden Reisebegleiter haben mit dem gleichen Ziel (Wehrkirchen), einen weiten Interessentenkreis gefunden; denn eine Fahrt zu einer Wehrkirche ist immer ein lohnendes, ja oft ein unvergeßliches Erlebnis. Von Iphofen, d.h. vom Iffgau aus, führt der beschriebene Reiseweg in den Steigerwald, hinauf in die Rhön, hinüber ins Grabfeld, in den Spessart und an den Main.*

*Mit einer sprühenden Begeisterung, aber auch mit hoher Kenntnis und einem reichen Wissen, hat Edmund Zöller auf seinem kunstgeschichtlichen Weg diese markanten Kirchen besucht und in seiner gründlichen, knappen Art beschrieben. Wie ein nimmermüder Pilger und Forscher sucht er nach den Spuren der Vergangenheit.*

*Aus der Vielzahl der meist einzigartigen Kunstdenkmäler wähle ich einige beispielgebend aus: Aus allen Wehrkirchen ragt die Pfarrkirche Sankt Michael von Gochsheim heraus. Hohes Mauerwerk schützt diese wehrhafte Gadenburg seit dem 16. Jahrhundert. Nahe bei Bad Neustadt liegt hinter recht neuzeitlichen Mauern die Kirche Sankt Johannes in Brendlorenzen, eine der ältesten im Bistum Würzburg. Die wiederentdeckten Freskenmalereien sind hohe Zeugnisse mittelalterlicher Kunst. Am Ziel dieser heimat- und kunstgeschichtlich interessanten Reise liegt Willanzheim, sechsundfünfzigste Station in diesem kompakt zusammengestellten Kunstführer. Bis zur Zerstörung der ursprünglichen Gadenanlagen im Jahre 1945 war die erhöhte, mitten im Dorf gelegene Sankt Martinskirche ein Musterbeispiel für eine fränkische Wehrkirche.*

*Im unterfränkischen Raum werden die Wehrkirchen meist als Kirchenburgen bezeichnet. Die lange Kette dieser besonders ausgeformten Kirchen deutet auch auf ein fränkisches Anliegen hin: Gerne schließt man sich gegen den anderen hin ab. Viele Bauernhöfe haben Mauern, Pförtchen und hohe Tore. Genauso war es eine gemeinsame Pflicht aller Ortsnachbarn, ihre Kirchen und Friedhöfe zu befestigen und zu ummauern. Es ist das besondere Anliegen des Autors, in diesem Buch die fränkischen Wehrkichen und Kirchenanlagen den interessierten Heimatfreunden vorzustellen.*

*Die Zöllersche Wehrkirchenstraße durch Unterfranken ist umsäumt von Bildstöcken, Stein- und Feldkreuzen, von Kapellen, Ölbergdarstellungen und Friedhofskanzeln auf evangelischen Friedhöfen.*

*Dr. Reinhard Worschech*
*Bezirksheimatpfleger von Unterfranken*

# Einleitung

Der dritte Teil unserer fränkischen Wehrkirchenstraße führt uns in den Steigerwald, die Rhön, in das Grabfeld, in den Spessart und an den Main. Diese Landschaftsgebiete haben ihren besonderen Reiz durch ausgedehnte Wälder, schöne Flußtäler und selbstverständlich wegen der vielen Weinberge. Natürlich haben diese Landstriche auch vieles im Bereich der Kunst und Geschichte zu bieten. Ganz besonders erwähnenswert sind die an der Fahrtstrecke liegenden Heilbäder Bad Brückenau, Bad Kissingen, Bad Königshofen / Grabfeld und Bad Neustadt / Saale.

Das vorliegende Büchlein ist als kleiner, handlicher Reisebegleiter zu interessanten Wehrkirchen und deren Ausstattung in dem angesprochenen Gebiet gedacht. Ziel ist es, auf die Schönheiten unserer fränkischen Heimat hinzuweisen und mit sehenswerten Wehrkirchen und Kunstdenkmälern bekannt zu machen. Für unsere Reise zu den verschiedenen Dörfern, Märkten und kleinen Städte ist eine gute Straßenkarte zu empfehlen.

Eine kurze Beschreibung unserer Fahrtroute soll den Rahmen des Büchleins abstecken. Ausgangspunkt ist das am Fuße des Schwanberges und an den Abhängen des Steigerwaldes liegende Franken- und Weinstädtchen Iphofen. Der anmutige Weinort hat sein mittelalterliches Stadtbild bis heute bewahrt. Von der alten Stadtbefestigung sind viele Zeugnisse erhalten geblieben. Hervorzuheben ist besonders das „Rödelseer Tor“. Der Ort, der 741 erstmals erwähnt wird, hat zahlreiche Fachwerkhäuser und alte Winzerhöfe aufzuweisen. Besonders eindrucksvoll ist der Marktplatz mit Brunnen und prächtigem Rathaus von 1716/18. Die Pfarrkirche St. Veit, die Kirche Zum Heiligen Blut und die Spitalkirche bergen im Inneren sehenswerte Kunstwerke. Von Iphofen fahren wir auf der B 8 über Markt Einersheim bis Enzlar und biegen dort links zur B 286 ab. Nach dem idyllischen Winzerdorf Castell verlassen wir die Bundesstraße und fahren nach Wiesenbronn. Von hier müssen wir uns einige Zeit auf Nebenstraßen bewegen, die allerdings gut ausgebaut sind. Die große Fahrtrichtung geht nördlich nach Gochsheim bei Schweinfurt. An dieser Fahrtstrecke liegen einige interessante Wehrkirchen, auf die bei der Beschreibung näher eingegangen wird. Gochsheim, das ehemals freie Reichsdorf, besitzt eine der großartigsten Gadenkirchenburgen. Von hier geht es westlich über Grafenrheinfeld bis zu dem Dorf Schnackenwerth an der B 19. Hier biegen wir rechts ab zu der ebenfalls sehenswerten Gadenkirchenburg Geldersheim, übrigens die einzige Kirchenburg mit einem katholischen und evangelischen Gotteshaus.

Unsere Fahrt geht weiter über die B 19 nach Münnerstadt. Hier lohnt sich ein Stadtrundgang mit Besichtigung des Riemenschneideraltars in der kath. Stadtpfarrkirche St. Maria Magdalena. Ab Münnerstadt geht es weiter in Richtung Bad Königshofen. Auf dem Wege dorthin sollte man eine Fahrtunterbrechung zur Besichtigung des ehemaligen Zisterzienserklosters Maria Bildhausen einplanen. Unser nächstes Ziel ist die Wehrkirche in Aubstadt, das nördlich von Bad Königshofen liegt. Bad Königshofen ist mit seinem schönen Marktplatz und seiner reichen Geschichte einen Besuch wert. Von Aubstadt kommen wir über Saal und Hollstadt nach Heustreu an der B 19 mit seiner Kirchenburg im Dorf und einer Wehrkirche auf dem Berg. Natürlich muß hier auf die altehrwürdige und interessante Wehrkirche in Brendlorenzen bei Bad Neustadt/Saale hingewiesen werden.

Auf der B 19 geht es weiter bis Oberstreu mit seiner doppelten Gadenreihe. Nach einem Stadtrundgang in Mellrichstadt fahren wir auf der B 285 weiter nach Ostheim v.d.Rhön. Die dortige Kirchenburg ist die größte und schönste Deutschlands. Über Nordheim und Sondheim v.d.Rhön geht es südlich über Bischofsheim, Bad Brückenau nach Hammelburg. Von Bischofsheim aus sollte eine Fahrt zum Kreuzberg unternommen und in Bad Brückenau eine Stadtbesichtigung eingeplant werden.

Um Hammelburg liegen die Wehrkirchen Diebach, Fuchsstadt und Untereschenbach. Auf der B 27 führt uns der Weg nach Karlstadt am Main. Dieses Mainstädtchen mit viel Fachwerk, schönem Marktplatz und der kunstreichen kath. Stadtpfarrkirche St. Andreas, sowie mit der fast vollständig erhaltenen Stadtbefestigung, muß man einfach gesehen haben. In Karlstadt überqueren wir den Main und fahren bis Lohr am Main, welches das Spessart-Tor genannt wird. Es ist ein liebenswertes

Städtchen mit schöner Fußgängerzone und sehenswertem Spessartmuseum.

Im Bereich des Spessarts liegen die Wehrkirchen in Schöllkrippen, Kälberau, Hörstein, Hessenthal, Hofstetten und am Main Großwallstadt sowie Bürgstadt. Auf diese, außerhalb unserer Fahrtroute gelegenen Orte, wird bei der Beschreibung eingegangen werden. Ab Lohr geht es mainabwärts über Marktheidenfeld in die ehemalige Grafschaft Wertheim. Dieses Städtchen zwischen Main und Tauber wird wegen seiner Lage und seiner großartigen Burgruine Klein-Heidelberg genannt. Sehenswert ist das ganze Städtchen mit schönem Marktplatz und das sehr interessante Glasmuseum. Ein längerer Aufenthalt lohnt sich.

In der Umgebung von Wertheim gibt es mehrere kunstvoll ausgestattete Wehrkirchen, nämlich in Kreuzwertheim, Eichel, Urphar und Dertingen, die bei der Beschreibung besonders erwähnt werden. Auf dem Wege von Wertheim nach Würzburg liegt ferner Holzkirchen mit den Resten des ehemaligen Benediktinerklosters und der Balthasar-Neumann-Rundkirche, sowie Uettingen, wo der Soldatenfriedhof an das letzte große Gefecht am 26.7.1866 im Bruderkrieg zwischen Bayern und Preußen, erinnert. Hier stoßen wir auf die B 8, die uns bis Würzburg begleitet. Selbstverständlich muß für Würzburg ein längerer Aufenthalt eingeplant werden. Die Festung Marienberg, das Käppele, der Dom, die Residenz mit Hofgarten, das Lusamgärtchen mit dem Grab des Minnesängers Walther von der Vogelweide, um nur ein paar Sehenswürdigkeiten zu nennen, laden zum Verweilen ein.

An der Straße nach Ochsenfurt liegen die Main- und Weinorte Randersacker, Eibelstadt, Sommerhausen (gegenüber Winterhausen) und Kleinochsenfurt. Von Frickenhausen am Main geht es zu dem Gärtnerdorf Segnitz und von dort über den Main in das alte Handelsstädtchen Marktbreit mit dem alten Kranen und den malerischen Gassen. Über Obernbreit, Iffigheim, Tiefenstockheim, Herrnsheim und Willanzheim erreichen wir wieder unseren Ausgangspunkt Iphofen. Von hier gelangen wir nach kurzer Fahrtzeit auf der B 8 in die alte Mainstadt Kitzingen. Neben einem Rundgang durch die Stadt und einem Besuch des Fastnachtsmuseums im Falterturm, sollte man auch die Kreuzkirche in Etwashausen, von Balthasar Neumann erbaut, nicht vergessen. Auf dem Wege nach Kitzingen kommen wir an dem mauerumwehrten Städtchen Mainbernheim vorbei. Nach einem Spaziergang durch diesen malerischen Ort muß man unbedingt die sehr interessante Freikanzel im Friedhof ansehen. Über Friedhofskanzeln wird in einem besonderen Abschnitt berichtet.

Besonders auffallend an dieser neuen Fahrtstrecke sind die vielen Wehrkirchen mit Gaden und guterhaltenen Tortürmen.

Am Wege und in der Nähe unserer Reiseroute liegen viele Städtchen und Dörfer mit interessanten Sehenswürdigkeiten. Obwohl sie keine Wehrkirchen besitzen, wurden diese Orte in die Beschreibung mit einbezogen.

Anmerkung: Die Bundesstraßen werden im Text generell als B .. bezeichnet. Bei den evang.-luth. Pfarrkirchen wurde vermerkt, wo der Kirchenschlüssel verwahrt wird, die kath. Pfarrkirchen sind tagsüber geöffnet.

## Allgemeines über Wehrkirchen

Vielen Menschen sind wohl die großen romanischen Basiliken und gotischen Kathedralen in Westeuropa gut bekannt, jedoch über die Dörfer, mit ihren oft im ummauerten Friedhof gelegenen Kirchen in unserer fränkischen Heimat, sind sie wenig informiert. Dieses Büchlein über Wehrkirchen und Kirchenburgen in Unterfranken soll dazu beitragen, interessierte Heimatfreunde auf diese dörflichen Wehrbauten hinzuweisen.

Man kann davon ausgehen, daß Dorfkirchen, die im Mittelalter und Spätmittelalter gebaut wurden, wehrhaft ummauert waren. Bei vielen Kirchen ist von der Wehrhaftigkeit in früheren Zeiten nichts mehr bzw. nur noch wenig zu sehen. Grund dafür sind z.B. kriegerische Ereignisse, Zerstörung durch Brand, Abriß wegen Baufälligkeit oder auch wegen Vergrößerung des Kirchengebäudes. Auf unserer Reise haben wir uns auf Dorfkirchen konzentriert, bei denen noch Teile der früheren Befestigung vorhanden sind. Das Ziel ist, vielen Menschen die Augen für diese kirchlichen Denkmäler zu öffnen. Selbstverständlich kann im Rahmen dieses Buches nicht auf alle Einzelheiten näher eingegangen werden. Dazu dienen die in verschiedenen Kirchen aufliegenden Kirchenführer. Um die praktische Brauchbarkeit des Buches zu gewährleisten, wurde ein handliches Format und die Durchnumerierung der einzelnen Kirchen mit einer entsprechenden Übersichtskarte gewählt.

Drei Fragen müssen den weiteren Ausführungen vorangestellt werden:

1. Ab welchem Zeitpunkt wurde mit der Befestigung der Dorfkirchen begonnen?
2. Warum mußte sich die Dorfbevölkerung überhaupt schützen?
3. Woran erkennt man heute noch eine ehemals befestigte Kirche?

Zur Frage 1: Mit der Befestigung von Dorfkirchen, einschließlich der Friedhöfe, wurde in Franken etwa um 1300 begonnen. Es war die Zeit des ausgehenden Mittelalters, wo Macht und Ansehen des deutschen Kaisertums darniederlag und die Fürsten und andere Landesherren mit rücksichtsloser Gewalt nach Vergrößerung ihres Herrschaftsbereiches strebten.

Es war ein Kleinkrieg, in dem das Land des Gegners verwüstet und hauptsächlich Getreide und Vieh geraubt wurde. Leidtragender war in erster Linie der Bauernstand bzw. die Dorfbevölkerung, die bei solchen Fehden arg in Mitleidenschaft gezogen wurde.

Zur Frage 2: Die bäuerliche Bevölkerung konnte sich weder hinter einer schützenden Mauer retten, bzw. sich auf eine Burg zurückziehen. Wegen der offenen Bauweise des Dorfes war der Bau einer Mauer gar nicht möglich und die wenigen wehrfähigen Männer hätten für eine so große Verteidigungsanlage nicht ausgereicht. In dieser Not befestigte die Dorfbevölkerung den Friedhof bzw. den Kirchhof, der schon in früheren Zeiten von einer starken Mauer umgeben war. Zudem war die Kirche der einzige Steinbau im Ort. Die vorhandene Mauer wurde häufig verstärkt, erhöht und mit Schießscharten versehen. Manchmal kam auch ein offener oder gedeckter Wehrgang mit Ecktürmen dazu. Je nach Lage der Kirche verlief ein Wassergraben um die Befestigungsmauer. Damit konnte sich die Bevölkerung gegen kleine militärische Angriffe und Raubzüge schützen. Wichtig war, daß der Eingang dem Dorf zugewendet lag, damit sich die Bauern mit ihrer beweglichen Habe und dem Vieh schnellstens in Sicherheit bringen konnten. Eine Wasserquelle bzw. ein Brunnen war ebenfalls lebensnotwendig. Da der Eingang immer am stärksten gefährdet war, wurde dieser mit einem Torhaus oder mit einem Torturm geschützt. Notwendig war ein dickes und starkes eisenbeschlagenes Holztor, das mit einem kleinen Türchen für Nachzügler versehen war.

Zur Frage 3: Allgemein mußte darauf geachtet werden, daß die befestigte Kirche möglichst freistand. Das war wichtig für die Verteidigung. Aus taktischen Gründen wählte man auch einen erhöhten Standort. Wo dies nicht möglich war, gab man sich mit einer leichten Hanglage oder mit einer Randlage zum Dorf zufrieden. In einigen Fällen standen befestigte Kirchen an strategisch wichtigen Durchgangsstraßen bzw. an Straßenkreuzungen oder auch an Flußübergängen. An vielen Kirchen sind noch heute vollständig erhaltene Wehrmauern mit den Mauerabsätzen für den früheren Wehrgang vorhanden. Besonders bei ehemals stark befestigten Kirchen, sieht man heute noch Wehrtürme oder auch Reste von Wehrtürmen, so daß der Wehrcharakter unschwer zu erkennen ist. Noch vorhandene Tore, Torhäuser und Tortürme mit Schießscharten weisen ebenfalls auf einen befestigten Kirchhof hin.

Man kann Frankens befestigte Kirchen in drei Typen einteilen.

1. Typ: Die einfach befestigte Kirche ohne Wehrgang und Wehrturm. Es ist dies die weitverbreiteteste Form.

2. Typ: Die mit Wehrmauer, Wehrgang und Ecktürmen versehene Kirche. Sie kann als Kirchenburg angesprochen werden.

3. Typ: Wehrkirchen, in deren Mauern sich sogenannte Kirchgaden, auch Kirchhäuser genannt, befinden, die meist unterkellert sind. Sie dienten zum Schutz der Bevölkerung und zur Lagerung von Proviant. Diese Häuschen mit Keller werden zum Teil heute noch durch die Eigentümer als Lagerräume benutzt.

Durch diese Typisierung läßt sich eine Dorfkirche sofort als ehemalige Wehrkirche erkennen.

## Bildstöcke, Kapellen, Stein- und Feldkreuze

Auf unserer Fahrt zu den Wehrkirchen in Unterfranken treffen wir häufig auf Bildstöcke, Kapellen, Stein- und Feldkreuze. Gerade der Regierungsbezirk Unterfranken ist eine Bildstocklandschaft, wie sie selten anzutreffen ist. Bildstöcke sind Ausdruck religiösen Volkslebens. Es sind markante Kulturdenkmäler und Wahrzeichen unserer fränkischen Heimat. Sie stehen in der Ortschaft, an Straßen und Plätzen und in der Gemarkung. Von den Stiftern bewußt ausgewählt, stehen sie insbesondere an vielbegangenen Wegen, an Wallfahrts- und Pilgerrouten, an Unfallstellen und Gemarkungsgrenzen. Die Bildstöcke sind Wegzeichen für den Wanderer, den Bauern auf seinem Gang durch die Flur, dem Landmann für ein Bitt- und Dankgebet bei Saat und Ernte. Bei Bittgängen sind sie Stationen, um Gottes Segen zum Gedeihen der Feldfrüchte zu erbitten. Bei Prozessionen dienen sie zum Abstellen der Monstranz, bei Wallfahrten als Rast für ein kurzes Gebet.

Der Bildstock besteht meist aus dem Sockel, dem Schaft und dem Aufsatz mit Bekrönung. Im Volksmund zählen fast alle religiösen Skulpturen in der freien Natur als Bildstöcke, ganz gleich, ob es sich um Martern, Statuen, Kreuzschlepper, Prozessionsaltäre oder um sonstige Darstellungen handelt.

Die Motive der Bildstocksetzungen sind vielfältiger Art. Viele Bildstöcke wurden zur Ehre und zum Lobe Gottes errichtet, oft auch aus Dankbarkeit für die Errettung aus Not, Krankheit und Gefahr. Häufig erinnern Bildstöcke auch an einen tödlichen Unfall. Man nennt sie deshalb Unfallmarter. In den meisten Fällen sind jedoch die Gründe, die zur Errichtung eines Bildstockes führten, nicht bekannt, da Inschriften und schriftliche Nachrichten fehlen. Bildstöcke sind voller Rätsel, sie regen die Fantasie an, lassen Sagen und Legenden entstehen. Man muß sie einfach als Zeichen der Volksfrömmigkeit und des Gottvertrauens ansehen.

Neben den Bildstöcken stehen in den Dörfern und in den Gemarkungen viele Kapellen und hohe Weg- oder Feldkreuze. Kapellen sind eine Hochform der Bildstöcke. Für ihre Errichtung gilt das gleiche wie bei den Bildstöcken. Die hohen Feld- oder Wegekreuze wurden meistens zur Ehre Gottes aufgestellt, oftmals auch zum Schutz gegen Unwetter. Sie mahnen außerdem zur Andacht und zum Gebet. Wegkreuze sind entstanden aus der christlichen Überzeugung, daß alles Geschehen in der Natur und in unserer Welt letztlich dem Willen Gottes entspringt.

Steinkreuze sind eine besondere Form von Flurdenkmälern. Diese wurden größtenteils für einen Totschlag im Affekt errichtet und zwar hauptsächlich in der Zeit vom 13. bis zum 16. Jahrhundert. Wir finden diese Steinmale u.a. an Feldwegen, im Wald und besonders an Straßen oder Straßenkreuzungen, die in früheren Zeiten stark frequentiert waren. Ein im Affekt begangener Totschlag war im Mittelalter eine Privatangelegenheit; er wurde also nicht vor Gericht verhandelt. Konnte sich der Täter mit den Angehörigen des Erschlagenen einigen, dann wurde ein entsprechender Vertrag geschlossen. In diesem Sühnevertrag wurden dem Täter meistens folgende Auflagen und Verpflichtungen auferlegt:

1. Eine Rom- oder Achfahrt (Aachen). Zu den Heiligtümern in Rom konnte er auf seine Kosten einen anderen schicken, nach Aachen mußte er selbst pilgern. Beides mußte durch Zeugnisse nachgewiesen werden.

2. Zum Seelenheil des Erschlagenen mußte er eine ewige Messe stiften, damit für des „Entleibten“ arme Seele gebetet wurde.

3. Für die Beerdigung des Getöteten wurde die Zahl der teilnehmenden Priester und Kerzenträger festgelegt.

4. Vor dem Grabe mußte bei der Witwe oder bei den nahen Verwandten Abbitte geleistet werden.

5. Für die Witwe und die Kinder wurde die Höhe der Abfindung festgelegt.

6. Am Platz des Totschlags mußte ein Steinkreuz errichtet werden.

Alle Kosten gingen zu Lasten des Täters.

Aufgrund der Sühneverträge wurden die Steinkreuze auch Sühnekreuze genannt.

Dieser Rechtsbrauch endete mit der Einführung der Halsgerichtsordnung von Kaiser Karl V., im Jahre 1533.

## Ölbergdarstellungen an fränkischen Dorfkirchen

Interessierten Besuchern unserer fränkischen Dorfkirchen wird öfters auffallen, daß sich bei vielen Gotteshäusern eine Ölbergdarstellung befindet. Pfarrer und Baumeister wählten einen besonderen Platz an der Außenseite der Kirche, vielfach in der Nähe des Eingangs, für die Darstellung des Ölberggeschehens aus. Diese Ölberggruppen wurden in Franken seit dem 15. Jahrhundert besonders gern errichtet. Es war die hohe Zeit der Gotik. Der Beginn des Leidens Christi am Ölberg, von dem uns die Evangelisten Lukas, Markus und Matthäus in fast übereinstimmenden Schriften berichten, wurde besonders in Deutschland bildlich vermittelt. Dargestellt werden meistens die Apostel Jakobus, Johannes und Petrus, die in einem tiefen Schlaf gefallen sind. Einen Steinwurf weit entfernt kniet Christus in betender Haltung. In seinen Gesichtszügen spiegelt sich die Todesangst wider. Die zusätzliche Abbildung des Kelches erinnert an die Worte Christi „der Kelch des bitteren Leidens möge an mir vorübergehen, doch nicht mein, sondern dein Wille geschehe“. Als Kulisse wird des öfteren der Felsengarten von Gethsemane und die Silhouette der Stadt Jerusalem verwendet. Im Hintergrund sieht man bei vielen Darstellungen die Häscher, von Judas angeführt, auf die Stätte des traurigen Geschehens zugehen. Judas trägt bereits den Beutel mit den dreißig Silberlingen als Lohn für seinen Verrat an Chistus.

In früheren Jahrhunderten, besonders in der Barockzeit, waren die Ölberge in der Fastenzeit Mittelpunkt besonderer Andachten, die in den Abendstunden des Gründonnerstags abgehalten wurden. Das abendliche Gebet bei Kerzenschein sollte den gläubigen Betern die dramatische Wirklichkeit des Geschehens vermitteln. Vielleicht sollte man den Brauch der Ölbergandachten in unserer hektischen Zeit wieder aufleben lassen.

## Kanzelaltäre in evangelischen Pfarrkirchen

Einige der beschriebenen Wehrkirchen enthalten einen sogenannten Kanzelaltar. Es handelt sich hier um evangelische Kirchen, deren Landesherrn die Reformation einführten. Hauptsächlich nach dem 30-jährigen Krieg und im 18. Jahrhundert bestand ein großer Nachholbedarf durch zerstörte und renovierungsbedürftige Dorfkirchen. Nachdem die Verkündigung des reinen Evangeliums, also des Gotteswortes, nach der Reformation in der evangelischen Kirche eine herausragende Geltung erlangt hatte, sollte die Kanzel eine zentrale Stellung zur Verkündigung des Wortes in der Kirche einnehmen. Sie erhielt ihren Platz über dem Altar, um die Verkündigung mit dem Sakrament gleichzustellen, daher der Name Kanzelaltar. In größeren Kirchen befindet sich über der Kanzel noch die Orgel. Sie weist auf den hohen Stellenwert hin, die die Musik in der evangelischen Kirche einnimmt.

## Emporenmalereien in evangelischen Dorfkirchen

Bei den Fahrten zu den Wehrkirchen unserer Heimat kann man des öfteren Emporenmalereien entdecken. Diese Gemälde auf den Emporenbrüstungen stammen aus der Mitte des 16. bis Ende des 18. Jahrhunderts. Durch den Einbau von Emporen, war es nicht mehr möglich an den Kirchenwänden religiöse Bildnisse anzubringen. Wenn man im Kirchenraum entsprechende Bilder bzw. Gemälde haben wollte, so boten sich dafür nur die Brüstungen der Emporen an. Meistens werden Themen aus dem Alten- und Neuen Testament dargestellt. Bei kleineren Dorfkirchen kommt es manchmal vor, daß nur Szenen aus dem Leben und Wirken Christi gezeigt werden. Oftmals werden diese Bilder mit den entsprechenden Bibelstellen ergänzt. Es kommt immer auf die Größe des Gotteshauses an. Bei diesen Malereien handelt es sich nicht um „kunstvolle" Bilder. Meist waren es zum Teil ortsansässige Maler, die einfach Bilder aus der Bibel auf den Emporenbrüstungen anbrachten. Diese Bilder, die sich wie in einer aufgeschlagenen Bibel lesen, vermitteln die Heilsvorstellungen auf besondere Weise. Man kann sie auch als Zeichen der Volksfrömmigkeit ansehen. Im Zeitalter des Klassizismus, in dem die Kirchenräume einheitlich in weiß und gold und ohne farbige Bilder ausgemalt wurden, empfand man die Emporenbilder nicht mehr als zeitgemäß. Sie wurden in vielen Kirchen überstrichen. Erst in den letzten Jahrzehnten hat man bei anstehenden Kirchenrenovierungen die alten Emporengemälde wieder freigelegt.

## Friedhofskanzeln in evangelischen Orten

An unserer Fahrtstrecke sind in einigen evangelischen Ortschaften auf dem Friedhof sogenannte Freikanzeln zu sehen. Diesen Friedhofskanzeln stehen in den meisten Fällen Arkaden gegenüber. Es ist dies eine Besonderheit in Franken. Hauptsächlich im Raum Würzburg und Kitzingen sind solche religionsgeschichtlich interessante Denkmäler verbreitet. Im einzelnen handelt es sich um die Orte Abtswind, Mainbernheim. Marktbreit, Marktsteft, Prichsenstadt, Repperndorf, Wiesenbronn (alle dem Landkreis Kitzingen zugehörig) und Sommerhausen am Main (Landkreis Würzburg).

Die Kanzel steht inmitten der Gräber mit Blick auf die Holzarkaden, in denen die Trauergemeinde Platz genommen hat. Von dieser Kanzel hält der Pfarrer die Leichenpredigt. In einigen Orten werden heute noch von hier die Begräbniszeremonien geleitet. Friedhofskanzeln und die dazugehörigen Arkaden sind dem Kircheninnern gleichzustellen. Entstanden sind diese Bauwerke etwa in der Zeit um 1600, als man die Friedhöfe um die Kirche auflöste und an den Ortsrand verlegte.

# Fahrt zu Wehrkirchen in Unterfranken

Von Iphofen aus erreichen wir auf der B 8 in östlicher Richtung

## ① Markt Einersheim

Die evang.-luth. Pfarrkirche St. Matthäus liegt erhöht auf einer Hügelnase. Der Zugang erfolgt über das heutige Rathaus (früher Torhaus) von Norden her. Große Teile der ehemaligen Wehrmauer sind noch erhalten. Den Kirchhof umgaben früher unterkellerte Gaden, die heute größtenteils umgebaut sind. Eine Gade trägt die Jahreszahl 1596. Der in die Kirchhofummauerung einbezogene Karner wurde ebenfalls profaniert. Der Chorturm stammt aus dem 13. Jahrhundert und wurde im 14. Jahrhundert erhöht. Das Langhaus wurde 1626/27 erneuert und 1868 nach Westen erweitert. Es besitzt eine hölzerne, kassettierte Flachdecke, in der in einem Achteckfeld das Wappen

zweier Schenken zu Limpurg enthalten ist. Drei Epitaphien erinnern ebenfalls an dieses Geschlecht. Weiterhin bemerkenswert ist die Kanzel (1652 bez.), der Taufstein aus dem 17. Jh., sowie die Orgel (um 1720/30). Das Kruzifix ist ein Werk von Georg Brenck aus dem Jahre 1602.

Sehenswert ist das Schloß der Grafen Rechteren-Limpurg. Der um 1685 erstellte Fachwerkbau wurde 1859 durch einen neugotischen Steinbau erweitert. Von der Befestigung des Marktes sind noch zwei Torhäuser erhalten. Das Fachwerkrathaus wurde 1568 erbaut. Im Jahre 1741 erhielt es seine heutige Form. Mit der 1887 gepflanzten Kaisereiche und dem 1978 errichteten Brunnen hat der Markt einen sehr schönen Mittelpunkt erhalten.

Etwa zwei Kilometer nordöstlich des Ortes liegt auf dem Schloßberg die Ruine Speckfeld. Von hier bietet sich ein weiter Blick bis ins Maintal.

Schlüssel zur Kirche: Evang.-luth. Pfarramt, Kirchplatz 3, Tel. 09326/378

Auf der B 8 geht es weiter bis Enzlar, dort biegen wir nach links in die B 286 ein. Über Ziegenbach und Birklingen erreichen wir ***Castell.***

*Wenn es sich hier auch um keine Wehrkirche handelt, lohnt sich doch ein kurzer Aufenthalt.*

*Der Ort, idyllisch am Abhang des Steigerwaldes gelegen, ist Stammsitz des gleichnamigen Fürstenhauses. Man kann den Ort heute noch als Mittelpunkt der alten Grafschaft Castell bezeichnen. Das gräfliche Geschlecht, das 1901 in den Fürstenstand erhoben wurde, hat eine große geschichtliche Vergangenheit, die bis in die heutige Zeit andauert. Das obere Schloß wurde 1746 abgebrochen, das untere Schloß ist ein Neubau von 1686/91.*

*Die evang.-luth. Pfarr- und Schloßkirche liegt beherrschend auf einer Terrasse über dem Ort. Sie wurde im Auftrag des Grafenhauses nach Plänen des Würzburger Hofbaumeisters Joseph Albert 1784/92 errichtet. Es ist ein Saalbau mit einer Turmfassade. Das Kircheninnere, mit großen umlaufenden Emporen und mächtigem Kanzelaltar in Alabaster, sowie die Stukkaturen geben dem ganzen Raum ein feierliches Gepräge.*

*Kirche tagsüber geöffnet.*

*Wir verlassen den stattlichen Ort in nördlicher Richtung und biegen nach wenigen Fahrtminuten links ab und erreichen*

## ② Wiesenbronn

Die evang.-luth. Pfarrkirche Heilig Kreuz liegt an der höchsten Stelle des Ortes. Von der früheren Wehrmauer aus dem 13. Jh. sind an der Nordseite noch geringe Teile mit Schießscharten erhalten. An den übrigen Seiten waren früher Gaden angebaut, von denen sich noch einige erhalten haben. Das Eingangstor zur Kirchenburg mußte 1860 dem Schulhausneubau weichen. Die Untergeschosse des Kirchturms mit Schlitzscharten stammen noch aus der Zeit um 1300. Im Jahre 1715 wurde der Turm um zwei Stockwerke erhöht und eine Kuppel aufgesetzt. Das Langhaus wurde 1603 errichtet.

Auf dem Friedhof der Gemeinde finden wir inmitten des Gräberfeldes eine Predigtkanzel und ihr gegenüber eine Friedhofsarkade. Auf diese Besonderheit wurde in der Einleitung bereits hingewiesen.

Schlüssel zur Kirche: Evang.-luth. Pfarramt, Pfarrgasse 2, Tel. 09325/274

Wir verlassen den Ort in nordwestlicher Richtung und kommen nach

# ③ Kleinlangheim

Die evang.-luth. Pfarrkirche liegt inmitten des Dorfes. Der Turm, im Kern aus dem 13. Jh., wurde um 1600 erhöht. Das gotische Langhaus des 15. Jh. wurde um 1600 erweitert und verändert. Die Inneneinrichtung ist einfach gehalten und stammt aus der Zeit um 1680. Die Emporen sind mit Bildern aus dem Leben Jesu ausgemalt. Drei Epitaphien der Familie Zollner aus dem 16. Jh. sind an der nördlichen Langhauswand angebracht.

Die Kirchhofbefestigung, mit z.T. 6 m hohen Mauern und Schießscharten, geht auf das 13./14. Jh. zurück. Die noch guterhaltenen Gaden wurden überwiegend als Scheunen genutzt. Baulich interessant sind die etwas abgesetzten Keller mit hüttenähnlichen Kellerhälsen. Früher verlief um die Anlage ein Graben. 1461 wurde die Anlage von Bischof Johann III. von Würzburg erstürmt und eingenommen, im Jahre 1554, im 2. Markgrafenkrieg traf die Kirchenburg das gleiche Schicksal.

Sehenswert ist auch das Fachwerkrathaus, mit Lauben an der Traufseite zur Straße. Archäologische Untersuchungen ergaben, daß der Ort etwa seit der Zeitenwende bis heute durchgehend besiedelt war.

Schlüssel zur Kirche: Evang.-luth. Pfarramt, Hauptstr. 30, Tel. 09325/273

Von Kleinlangheim sind es nur wenige Kilometer bis

***Großlangheim.***

*Wenn das Äußere der katholischen Pfarrkirche St. Jakobus d. Älteren nicht für einen früheren Wehrbau spricht, Großlangheim durfte sich ab 1414 mit Mauern und Gräben umgeben, so sollte dennoch ein kurzer Besuch eingeplant werden.*

*Der älteste Teil der Kirche ist das untere Turmgeschoß aus dem frühen 15.Jahrhundert. Die Obergeschosse des Turmes stammen aus der Zeit des Fürstbischofs Julius Echter (1596), ebenfalls der Chor von 1617. Das Langhaus wurde 1622 errichtet. Die Kirchenweihe des neu erstandenen Gotteshauses erfolgte 1627. Nachdem die Kirche im Laufe der Zeit zu klein wurde, erfolgte in den Jahren 1821/22 eine Erweiterung durch zwei halbrunde Anbauten.*

*Das Kircheninnere besticht durch seinen künstlerischen Figurenreichtum. Der Hochaltar und die Seitenaltäre des hl. Josef und der Muttergottes stammen aus der Zeit des Klassizismus. Die reichgeschmückte Kanzel aus dem Jahre 1762 führt in die Zeit des Rokoko. Eine besondere Kostbarkeit ist der Kreuzaltar mit vielen Heiligenfiguren, der in der Zeit von 1500-1520 entstanden sein dürfte. Maria, Barbara und wahrscheinlich Margaretha werden der Riemenschneiderschule zugeschrieben, desgleichen die Figuren im Langhaus, die hll. Anna Selbdritt und Sebastian. Die Pieta im hinteren Teil der Kirche wird als ein Werk von Tilman Riemenschneider bezeichnet. Diese Figur dürfte um 1490 entstanden sein und ist sicherlich das bedeutendste Kunstwerk dieses Gotteshauses.*

*Als weiteres Kunstwerk ist die gotische Antoniuskapelle aus dem Jahre 1399 zu nennen. Es ist ein eigenartiger steiler Bau. In der hohen Nische über dem Portal stehen die Figuren der Muttergottes, des hl. Antonius und des hl. Georg mit dem Stifterwappen. Im Innern gilt unsere Aufmerksamkeit zunächst dem neugotischen Hochaltar mit einer Grablegungsgruppe um 1500 und als Antipendium ein Relief der Bestattung des Eremiten Paulus durch den hl. Antonius, aus der gleichen Zeit. Weitere Figuren befinden sich an der Chorwand: Die hll. Jakobus, Antonius, Laurentius und eine Büste der hl. Anna Selbdritt. Ganz besonders wird auf die Fresken an der Nordwand hinge-*

*wiesen, die im Zuge einer Renovierung in den letzten Jahren entdeckt und freigelegt wurden. Wahrscheinlich war die Kapelle ganz mit Fresken ausgeschmückt. Die Antoniuskapelle ist ein Kleinod am Wege, die zur stillen Einkehr und Betrachtung einlädt.*

*Wir verlassen Großlangheim in nördlicher Richtung und kommen bei Hörblach auf die B 22. Hier biegen wir rechts ab und kommen nach einigen Kilometern an eine Straßenkreuzung. Wir biegen wiederum rechts ab nach*

***Laub.***

*Unser Blick geht zur Lauber Dorfkirche St. Nikolaus. Dieses 1590 erbaute Kirchlein ist ein wahres Kleinod. Von den vielen Kunstwerken, die die Kirche bietet, können nur einige genannt werden. Der Hochaltar im Stil des Rokoko wurde 1723 gefertigt. Rechts neben dem Chorbogen steht die Holzfigur des Kirchenpatrons St. Nikolaus, links eine Darstellung der Vierzehn Nothelfer aus dem Frührokoko. Als bedeutendstes Kunstwerk steht an der Langhausseite in einer Nische die sogenannte „Lauber Madonna", die um 1300 entstanden ist, sie bezeugt somit den Übergang von der Romanik zur Gotik. Bis zum Jahre 1590 stand diese herrliche Sandsteinfigur in der Franziskanerkirche in Würzburg, ehe sie nach Laub „für zwei Aimer Weins" kam. Von 1798 - 1856 stand sie am Dorfplatz, bis sie ihren gebührenden Platz in der Kirche erhielt. Die hoheitsvolle Figur in Gestalt einer adeligen Frau steht auf einem Säulenkapitell mit dem Wappen der Stifterfamilie Teufel. Im Volksmund heißt sie deshalb „die Muttergottes mit dem Teufelswappen".*

*Da die Kirche wegen der vielen Kunstschätze versperrt ist, muß der in der Nachbarschaft wohnende Mesner Brücks gebeten werden, die Kirche aufzusperren. Er ist auch gerne bereit, eine Kirchenführung zu übernehmen, außerdem ist ein kleiner Kirchenführer vorhanden.*

*Wir fahren zurück, überqueren die B 22 und kommen nach wenigen Fahrtminuten zu unserer nächsten Wehrkirche in*

# ④ Eichfeld

Die evang.-luth. Pfarrkirche St. Stephan wurde bis auf Turm und Chor 1902 abgebrochen und durch einen neugotischen Bau ersetzt. Die Innenausstattung ist ebenfalls im neugotischen Stil ausgeführt. Der viergeschossige Turm gehört dem 14./15. Jh. an und hat einige Schlitzscharten. Die Kirche war früher von Gaden umgeben, von denen noch einige erhalten sind.

Der Ort taucht 889/906 als „Aachiveld“ in einer Schenkungsurkunde des Klosters Fulda auf. Der Name deutet auf eine Siedlung im gerodeten Eichenwald hin.

Schlüssel zur Kirche: Evang.-luth. Pfarramt, Seubeltstraße, Tel. 09381/2818

*Hinweis:*
*Bei der Weiterfahrt auf der B 22 kommen wir nach* ***Ebrach****, dem ehemaligen Zisterzienserkloster. Der jetzige Bau der Abteikirche, heute kath. Pfarrkirche St. Maria, Johannes Evangelist und Nikolaus, wurde um 1200 begonnen, 1285 war die Kirchenweihe. Das Kircheninnere wurde in den Jahren 1778/91 durchgreifend umgestaltet.*

*Die an die Stirnfront des Nordquerarmes angelehnte* ***Michaelskapelle*** *(1200/1207) ist der älteste Bauteil der Abteikirche. Sie wurde von der Umgestaltung im 18. Jh. verschont, weshalb sie heute noch die originale Gliederung des 13. Jh. zeigt. Eine eingehendere Beschreibung ist hier leider nicht möglich, es muß deshalb auf den in der Kirche erhältlichen Führer verwiesen werden.*

Südlich von Ebrach liegt eine der ältesten Wehrkirchen Frankens. Es ist die St. Johanniskirche in

## ⑤ Großbirkach

Durch ihr Patrozinium wird sie als Missions- und Taufkirche ausgewiesen. Die Gründung geht auf Mönche des Benediktinerklosters Münsterschwarzach zurück. Die Kirche liegt am Rande des Dorfes auf einer Anhöhe und ist von einer Wehrmauer umgeben. Ältester Teil des Gotteshauses ist der frühromanische Chorturm aus der Zeit um 1035. An der südöstlichen Turmwand sind zwei männliche Steinfiguren eingemauert, am Sattelstein der Schallarkade ist ein bärtiger Mann zu sehen. Diese drei Figuren, die sicherlich von der ersten Kirche stammen, gelten als heidnische Dämonen, die Christus besiegt hat. An der gleichen Turmseite trägt ein Stein ein Sonnenrad. Den Eingang ziert ein normannisches Zickzack-Ornament. An der Nordwand des Altarraumes befindet sich das berühmte Steinrelief (130 x 70 cm). Es zeigt Johannes d.T. auf einem Bogen stehend mit dem Lamm Gottes vor der Brust. Er wird flankiert von

zwei Männern in Mänteln und im Wasser stehend, die dem Heidentum abschwören. Eine romanische Inschrift lautet: „IOHANNES BABTISTA“. Auf dem Rahmen des Reliefs steht geschrieben: „WOLFHERVS ABBAS“. Dieser war Abt vom Kloster Schwarzach von 1034-1046, zu dessen Besitz Großbirkach von 877-1325 gehörte. Das Steinrelief ist das älteste Denkmal figürlicher Steinplastik im fränkischen Raum.

Schlüssel zur Kirche: Mesnerin Frau Brunhilde Link, Haus Nr. 13, Tel. 09556/831

Wir setzen unsere Fahrt von Eichfeld in nördlicher Richtung fort und zwar über Rimbach, Krautheim und Frankenwinheim, nach

***Gerolzhofen.***

*Hier empfiehlt sich ein Rundgang durch das historische Städtchen, das heute noch den wirtschaftlichen Mittelpunkt des früheren Bauernlandes zwischen Steigerwald und Main bildet. In der Mitte des 8. Jh. erwähnt, wurde Gerolzhofen um 1300 eine würzburgische Stadt. Sie ist eine rechteckige Anlage des 13. Jh. mit mittlerem Marktplatz. Die Stadt hatte einen inneren und äußeren Befestigungsring. Zehn Rundtürme , von ehemals 26 Außentürmen, sind noch erhalten. Von den vielen interessanten Gebäuden sollen einige erwähnt werden: Die kath. Stadtpfarrkirche, die Johanniskapelle (beide aus dem 15. Jh.)mit Kunstwerken von Tilman Riemenschneider, Veit Stoß-Schule und Johann Peter Wagner, das alte Rathaus mit gotischen Treppengiebeln und das ehemalige Schloß, ein Renaissancebau von 1738. Insbesondere wird auf das im alten Rathaus eingerichtete Museum hingewiesen, in dem sich auch das 1. Deutsche Schulmuseum befindet. Nach diesem Rundgang setzen wir unsere Fahrt in östlicher Richtung fort.*

Über Dingolshausen erreichen wir unser nächstes Ziel

## ⑥ Michelau

Die kath. Pfarrkirche St. Michael und St. Georg steht erhöht am Rande des Dorfes. Karl Treutwein schreibt in seinem Buch „Unterfranken" 3. Auflage 1978 auf Seite 179 folgendes: „Wie eine Flamme lodert über dem kleinen Dorf Michelau der Fassadenturm einer barocken Kirche zum Himmel. Der berühmte Hofbaumeister der Fürstbischöfe aus dem Hause Schönborn, Balthasar Neumann, hat an der Planung dieses kleinen Gotteshauses mitgewirkt, unter seiner Bauleitung wurde es in den Jahren 1738/42 errichtet".Tatsächlich ist es so, daß das Kirchengebäude nichts Wehrhaftes an sich hat. Doch die Lage und die alte Wehrmauer sprechen eindeutig dafür, daß der Vorgängerbau (Einweihung im Jahre 1203) befestigt war. Wegen Baufälligkeit mußte die romanische Kirche dem Neubau im 18. Jh. weichen.

Die Chor- und Langhausdecke zieren Bandwerkstuck, Medaillons, Akanthus- und Laubkränze. Altar und Kanzel stammen aus der Erbauungszeit. Das Altarblatt zeigt die Kreuzigung Christi. Als Tabernakelwächter stehen die Figuren der hll. Sebastian und Georg am Hochaltar. An den Seitenwänden sind die zwei wertvollsten Figuren aus der Zeit um 1500 zu sehen. Es sind dies die hll. Anna Selbdritt und Sebastian, die aus der Vorgängerkirche stammen. Sehenswert sind außerdem die in der Friedhofsmauer eingelassenen Kreuzwegreliefs.

Die erste geschichtliche Erwähnung Michelaus geht auf das Jahr 1154 zurück. Der Ort ist durch seinen Weinbau und durch seine Heimat- und Trachtenkapelle bekannt geworden. Im Ort stehen mehrere schöne Bildstöcke.

Wir verlassen Michelau in nördlicher Richtung. Über Hundelshausen mit seiner eigenartigen kath. Pfarrkirche aus den Jahren 1922/23 und Altmannsdorf mit seinem schönen Dorfbild, erreichen wir Falkenstein. An der Straße von Falkenstein nach Donnersdorf stehen die sogenannten Musikantensteine. Nach der Sage spielten in alter Zeit sieben Musikanten in Falkenstein zum Kirchweihtanz auf. Offenbar hatten sie aufgrund des guten Verdienstes zuviel getrunken. Auf dem Heimweg gerieten sie dann in Streit, wobei fünf von ihnen ihr Leben lassen mußten. Man fand ihre Leichen neben der Straße nach Donnersdorf und begrub sie an der Stelle, wo heute die Musikantensteine stehen. Den sechsten fand man später tot an der Straße von Donnersdorf nach Haßfurt, wo heute ebenfalls ein Steinkreuz steht. Der siebte Musikant scheint mit dem Leben davon gekommen zu sein.

Die sogenannten „Musikantensteine".

Unser nächstes Ziel ist

## ⑦ Donnersdorf

Die kath. Pfarrkirche St. Johannes d. T. steht inmitten des Dorfes von Mauern und Gaden umgeben. Anstelle einer spätmittelalterlichen Kirche wurde unter der Regierung des Großherzogs Ferdinands von Toskana in der Zeit von 1808/11 ein neues Kirchengebäude errichtet. Es ist ein nüchterner klassizistischer Saalbau mit einer flachen Decke und rechteckigem Chor. Dieser ist durch ionisierende Säulenpaare vom Langhaus getrennt. Der Hochaltar ist in eine chorbogenähnliche Nische

der hinteren Chorwand eingebaut. Über dem Altar hängt ein mächtiges Kruzifix. Vor den Säulenpaaren stehen die Seitenaltäre, links eine Maria Immaculata, rechts Johannes d.T.. Bei der letzten Renovierung wurde die klassizistische Ausstattung aus der Bauzeit wiederhergestellt.

Von Donnersdorf führt uns der Weg über Pusselsheim nach

## ⑧ Gochsheim

Ein erster Höhepunkt auf unserer Reise. Die evang.-luth. Pfarrkirche steht inmitten des gassenreichen Haufendorfes. Chor und Turm stammen aus der Zeit um 1511. Das Langhaus wurde 1872/73 neu errichtet. Die Kirche ist von mächtigen Gaden mit Schlitzscharten bis zu einer Höhe von 5 m umgeben. Die Innenseite der Gaden mit den vielen Kellereingängen ergeben ein malerisches Bild. Das dreigeschossige Torhaus und die Gaden aus dem 14. - 16. Jh. - sie zählen zu den ältesten in Unterfranken - geben der ganzen Anlage den Charakter einer wehrhaften Gadenburg. Von den Gaden wurden einige zu einem Dorfmuseum umfunktioniert.

In einer Schenkungsurkunde des Klosters Fulda von 796 taucht der Name „Gohhesheim“ erstmals auf. Im ausgehenden

Mittelalter wurde Gochsheim ein freies Reichsdorf, worauf die Einwohner heute noch stolz sind. In diesem Zusammenhang ist auch das schöne Rathaus zu nennen, ein stattlicher Fachwerkbau aus dem Jahre 1561. Dazu kommt noch der vor dem Rathaus stehende Brunnen von 1939, gleich daneben steht ein großer Dorfbaum. Dieses Ensemble gibt dem Dorf einen herausragenden Mittelpunkt. Auch vorhandenes Brauchtum, wie der Plantanz am ersten Sonntag im September, wird seit Jahrhunderten gepflegt. Ebenso gehört das Tragen alter Trachten dazu.

Schlüssel zur Kirche: Mesnerin Frau Rosemarie Drechsler, Schweinfurter Str. 1, Tel. 09721/63870

Wir setzen unsere Fahrt in Richtung Westen fort. Über Schwebheim und Grafenrheinfeld erreichen wir die B 19 in

## ⑨ Schnackenwerth

Die kath. Pfarrkirche St. Andreas liegt erhöht inmitten des Dorfes. Der Kirchturm entstand 1612, das Langhaus wurde 1749/51 errichtet. Die Innenausstattung (mit guten Stukkaturen) stammt ebenfalls aus der Zeit um 1750. Die Kirche ist von 3 Seiten von Gaden umgeben. Die Bauernhäuser mit interes-

santen Hoftoren sind in einem guten baulichen Zustand. Viele Hausmadonnen und Bildstöcke zieren das Dorf. Von hier sind es nur wenige Kilometer nach

## ⑩ Geldersheim

Hier haben wir es mit einem geschichtlich bedeutsamen Ort zu tun. Die kath. Pfarrkirche St. Nikolaus liegt inmitten des Dorfes. Sie ist z.T. noch mit Gaden und mit einer Toranlage aus dem 16. Jh. umgeben. Die Gadenanlage mit einer Größe von etwa 70 mal 70 m lag früher an der Kreuzung wichtiger Straßen. Ältester Teil sind die Untergeschosse des ehemaligen Chorturms mit Krypta aus der 1. Hälfte des 13. Jahrhunderts. Um 1618 entstanden der Chor, das Langhaus und die Obergeschosse des Turms. Dabei wurde das Langhaus aus dem 13. Jh. abgebrochen. 1980/81 wurde das Kirchenschiff um 5 m nach hinten erweitert.

Das Kircheninnere bietet eine Einheit von Barock und Rokoko. Die reiche Stuckdekoration an der Decke des Langhauses

Wappen, Erbauungsjahr und Steinmetzzeichen über den Gadeneinängen.

stammt aus der Zeit um 1760/1770 von dem Geldersheimer Stukkateur Simon Hellmuth. Die Deckengemälde (Maria Himmelfahrt und hl. Dreifaltigkeit) sowie der 14 Nothelfer malte Johann Peter Herrlein. Die Barockaltäre, die um 1700 entstanden sind, wurden 1958 von der Kirchengemeinde Heustreu erworben. Im Hochaltar ist die Anbetung des Jesukindes durch die Heiligen Drei Könige dargestellt. Zwei Könige sind nochmals als Plastiken zu sehen, daneben die Figuren der hll. Sebastian und Wendelin. Der linke Seitenaltar zeigt die Kreuzabnahme Jesu mit den Seitenfiguren der hll. Helena und des Johannes von Nepomuk. Das Bild des rechten Seitenaltars zeigt die Herabkunft des hl. Geistes, flankiert von den Figuren der hll. Stephanus und Laurentius. Weitere Einzelheiten können dem Kirchenführer entnommen werden.

Eine außergewöhnliche Besonderheit befindet sich innerhalb der Gadenanlage. Es ist die 800 Jahre alte Frühmeßkapelle, die den evangelischen Christen des Ortes als Gottesdienstraum überlassen wurde. Damit ist Geldersheim der einzige Ort in dem sich innerhalb der Wehranlage ein kath. und evang. Gotteshaus befindet. Über den Gadeneingängen sind teilweise die Namen der Besitzer, das Erbauungsjahr, Wappen mit bäuerlichen Motiven und verschiedene Steinmetzzeichen eingemeißelt.

Bei Ausgrabungen in den letzten Jahren wurden innerhalb des Kirchhofbereichs Mauerreste der ehemaligen Königspfalz entdeckt.

Geldersheim wird urkundlich 763 erstmals als „Geltresheim“genannt. Es ist damit der älteste Ort in der Umgebung Schweinfurts. Man kann davon ausgehen, daß aufgrund des Vorhandenseins einer Königspfalz, Geldersheim Verwaltungsmittelpunkt des Grabfeldgaues war.

Mit über 35 Flurdenkmälern zählt Geldersheim zu den bildstockreichsten Dörfern Unterfrankens.

Auf der B 19 setzen wir unsere Fahrt fort bis zur Abzweigung zur B 287 Richtung Bad Kissingen. Nach einigen Kilometern erreichen wir

## ⑪ Nüdlingen

Die kath. Pfarrkirche St. Kilian steht erhöht inmitten des Dorfes. Ältester Teil des Gotteshauses ist der Turm aus dem späten 14. Jahrhundert. Das Langhaus wurde unter Verwendung von Bauteilen des Vorgängerbaus (1858) nach dem 2. Weltkrieg umgebaut und vergrößert. Von der früheren Befestigung zeugt noch der Torturm.

*Hinweis:*
*Von Nüdlingen sind es nur wenige Kilometer zu dem weltberühmten Staatsbad* ***Bad Kissingen****.*

*Die Stadt wird im Jahre 801 in Schenkungsurkunden des Benediktinerklosters Fulda erstmals unter der Bezeichnung „Chizzicha“ genannt. Eine erste Urkunde von den Heilquellen stammt aus dem Jahre 832. Kissingen wird im Jahre 1520 erstmals als Badeort erwähnt. Im Laufe der Jahrhunderte, besonders im 19. Jh., ist ein steter Aufschwung des Kurbetriebes zu verzeichnen. Viele namhafte Persönlichkeiten weilten zur Kur in Kissingen. Von König Ludwig II. wurde der Ort 1883 zum Bad erhoben. Die verschiedenartigen Heilquellen, vor allem der weltberühmte Rakoczy-Brunnen, sind von großer Heilkraft. Die Stadt liegt an der fränkischen Saale und ist von waldreichen Höhenzügen umgeben.*

*Südöstlich über der Stadt liegt die Burgruine Bodenlauben. Die Erbauungszeit geht in das 12. Jh. zurück. Sie war damals im Besitz der Henneberger, im 13. Jh. wurde sie von dem Minnesänger Otto von Bodenlauben bewohnt. Er und seine Frau wurden nach ihrem Ableben (Otto 1244, Beatrix 1245) in dem von ihnen 1231 gegründeten Zisterzienserinnenkloster Frauenroth (in der Nähe Bad Kissingens) begraben. Das Grabmal in der ehemaligen Klosterkirche zählt zu den erhabendsten Zeugnissen früher deutscher Steinplastik.*

Wir fahren von Nüdlingen zurück auf die B 19 und kommen nach

### *Münnerstadt.*

*Die Stadt mit ihrer fast vollständig erhaltenen Stadtmauer und mehreren Türmen hat ihr mittelalterliches Aussehen bis heute erhalten. Schöne Fachwerk- und Renaissancehäuser zieren die Innenstadt. Von den vielen Sehenswürdigkeiten ist besonders die kath. Stadtpfarrkirche St. Maria Magdalena zu erwähnen. Sie ist eine romanisch - gotische Basilika mit flacher*

*Decke. Ältester Teil ist der Westturm aus dem 13. Jahrhundert. Das Gotteshaus wurde in den späteren Jahrhunderten immer wieder verändert. Schwere Schäden erlitt die Kirche in den letzten Tagen des 2. Weltkrieges. Mit der Beseitigung der Kriegsschäden war eine durchgreifende Renovierung des Gotteshauses verbunden. Seit dem Jahre 1954 erstrahlt der Kirchenraum wieder in alter Schönheit. Kostbarster Schatz ist der von Tilman Riemenschneider um 1490 gefertigte Magdalenenaltar, der 1831 teilweise zerlegt und verkauft wurde. Unter Verwendung noch vorhandener Teile und Anfertigung von Kopien der fehlenden Bildwerke, wurde das Kunstwerk in jüngster Zeit wiederhergestellt. Über weitere Kunstwerke und Einzelheiten informiert der Kirchenführer.*

*In Münnerstadt verlassen wir die B 19 und fahren in Richtung Bad Königshofen im Grabfeld. Nach wenigen Kilometern weist uns ein Wegweiser auf das ehemalige Zisterzienserkloster Maria Bildhausen hin. Wenn auch von dem 1156 gegründeten Kloster die meisten Gebäude, einschließlich der Kirche, der Säkularisation zum Opfer fielen, so lassen die wenigen vorhandenen Bauteile die Größe der früheren Zisterzienserabtei erahnen. Heute betreuen hier die Schwestern der Ursberger Kongregation schwerstbehinderte Menschen.*

Unser nächstes Ziel ist

## ⑫ Großbardorf

Die kath. Pfarrkirche St. Margareta liegt erhöht über dem Dorf. Der Chorturm aus dem 14. Jh. enthält in den Untergeschossen Schartenfenster. Das Langhaus von 1615/16 wurde im 19. Jh. verlängert, in den Jahren 1975/76 wurde ein vielgiebeliger Neubau errichtet. Die Kirche birgt im Innern interessante klassizistische Altäre von 1790. Die Spätrokokokanzel von1760/68 verdient ebenfalls Beachtung. Die Orgel wurde in einen Seitenaltar integriert. Bei dieser Kirche ist es besonders gelungen, Altes und Neues miteinander zu verbinden. Von der einstigen starken Friedhofsbefestigung sind noch große Teile mit Schießscharten erhalten. Die Gemeinde feierte 1989 ihr 1200-jähriges Bestehen, aufgrund einer Erwähnung aus dem Jahre 789.

Über Kleinbardorf erreichen wir das in südlicher Richtung liegende

## ⑬ Sulzfeld

Die kath. Pfarrkirche St. Bartholomäus liegt beherrschend auf einer Anhöhe inmitten des Dorfes. Sie ist heute noch von ei-

ner starken Befestigungsanlage umgeben, die auf das 15. Jh. zurückgeht. Der wuchtige Kirchturm steht etwas abseits vom Chor. Man kann ihn als Kampanile bezeichnen. In früheren Zeiten diente er als Wehr- und Torturm. Die Kirche wurde mehrmals verändert, eine einschneidende Veränderung erfolgte in den Jahren 1960/61. Von dem alten Gotteshaus wurde die rechte Langhauswand entfernt und nach Süden erweitert. Die breite Südfront erhielt ein fast 100 qm großes Betonglasfenster. In der Formensprache der heutigen Zeit werden in sieben farbig hervorgehobenen Medaillons die Sakramente symbolhaft dargestellt. Der alte Chor ist jetzt eine Seitenkapelle und birgt den früheren Hochaltar von 1752 (Rokoko). Das Altarblatt zeigt das Martyrium des hl. Bartholomäus in ausdrucksvoller Weise. Die zwei Figuren am Hochaltar stellen die Apostel Andreas und Judas Thaddäus dar. An die Kirchenbefestigung schließt sich die Schloßanlage an. Das Schloß ist ein Frührenaissancebau vom Anfang des 16.Jahrhunderts. Sulzfeld besitzt eine Anzahl schöner Bildstöcke.

Wir verlassen den schmucken Ort und fahren zurück nach Kleinbardorf. Links der Straße am Ortsrand sehen wir das hübsche Renaissanceschlößchen von 1589/90, das von einem Wassergraben umgeben ist. Die dem hl. Ägidius geweihte kath. Pfarrkirche wurde im 18. Jh. erbaut. Unser weiterer Weg führt uns über Großeibstadt nach

## ⑭ Aubstadt

Die evang.-luth. Pfarrkirche liegt erhöht über dem Ort. Ältester Teil ist der Chorturm aus dem 14. Jahrhundert. Das Langhaus wurde in den Jahren 1608/13 neu errichtet. Im Innern ist besonders bemerkenswert, die figürlich dekorierte Kanzel von 1586 und ein schöner Orgelprospekt von 1750. Von der ehemaligen Kirchenbefestigung steht noch der Torturm (15.Jh.), ferner sind noch Spuren früherer Wall- und Grabenanlagen zu erkennen.

Schlüssel zur Kirche: Evang.-luth. Pfarramt, Milzgrundstr. 10, Tel. 09761/6424

*Hinweis:*
*Bei der Fahrt nach Aubstadt überqueren wir in Großeibstadt die B 279, die rechts nach **Bad Königshofen** im Grabfeld führt.*

*Dieses schmucke Städtchen und die südlich davon gelegene Wehrkirche in Serrfeld sind ein Besuch wert. Dem Städtchen Königshofen wurde 1973 das amtliche Prädikat „Bad" zuerkannt. Es ist der kulturelle und wirtschaftliche Mittelpunkt des Grabfelds. Wie der Name schon aussagt, befand sich hier in fränkischer Zeit ein Königshof. Das neugegründete Bistum Würzburg wurde 741 mit den Steuern (Zehnte) von 26 Königshöfen, darunter Königshofen im Grabfeld, ausgestattet. 822 wurde dieser in einer Urkunde Ludwigs des Frommen als „Chuningishuoba" genannt. Durch Ludwig den Bayern wurden 1323 die Stadt- und Marktrechte verliehen. 1354 kam Königshofen an das Hochstift Würzburg. Als nordöstlichster Stützpunkt des Hochstifts wurde die Stadt nach 1650 stark befestigt. Nach dem Übergang an Bayern wurden die Festungsbauwerke geschleift. Die Stadt ist reich an historischen Gebäuden. Malerisch stellt sich der besonders große Marktplatz mit Brunnen dar. Interessierte Besucher können anhand eines Stadtprospektes einen Stadtrundgang unternehmen.*

In südöstlicher Richtung, 13 Kilometer von Bad Königshofen entfernt, liegt der Ort

## ⑮ Serrfeld

Die kath. Filialkirche St. Maria liegt auf einer kleinen Anhöhe am östlichen Ortsrand. Als Entstehungszeit dürfte das Ende des 13. Jh. in Frage kommen. Gleichzeitig mit dem Kirchenbau dürften auch die Befestigungsanlagen (Torturm, Gaden und Mauern) errichtet worden sein. Die Gadenkirchenburg hat eine Fläche von ca. 40 x 40 Meter und zählt zu den schönsten im Grabfeldgau. Ursprünglich waren 28 Gaden vorhanden. Um 1880 wurden diese bis auf den Eingangsbereich abgerissen. Das Langhaus wurde in späterer Zeit etwas verändert. Der Chor hat ein frühgotisches Kreuzrippengewölbe. Er birgt Teile eines spätgotischen Flügelaltars aus der Zeit um 1480. Die Relieftafeln stellen Szenen aus dem Marienleben dar. Eine alte Figur der Muttergottes mit Jesukind ist an der Chorwand angebracht. Ein wahres Kleinod in einer kleinen Dorfkirche.

Schlüssel zur Kirche: Herr Alois Schweinfest, Hauptstraße 12, Tel. 09763/1074

Nach diesem Abstecher fahren wir wieder auf die B 279 zurück und kommen über Bad Königshofen nach

## ⑯ Saal an der Saale

Die kath. Pfarrkirche Maria Himmelfahrt liegt inmitten des Dorfes. Sie war früher von Gaden umgeben. Von der Befestigung blieb nur der Torturm erhalten, der mit dem wuchtigen Kirchturm eine malerische Baugruppe bildet. Das Gotteshaus ist eine nachgotische Chorturmkirche. Sie wurde 1607/12 unter Benutzung älterer Mauerteile erbaut, 1885 nach Westen erweitert, 1976 seitwärts vergrößert. Im Innern sind beachtenswert eine spätgotische Sakramentsnische (1450/70) und der barocke Taufstein von 1708. Die drei neugotischen Altäre fügen sich gut in den Gottesraum ein.

Etwa einen halben Kilometer nördlich der Marktgemeinde liegt auf dem Findelberg die Wallfahrtskirche Mariae Heimsuchung. Anstelle einer Vorgängerkirche von 1451 entstand in den Jahren 1780/85 ein schlichter Barockbau. Der Turm stammt noch aus der Zeit um 1499. Bei einem Brand 1891 wurde der Hochaltar und das Gnadenbild zerstört. Es erfolgte eine durchgreifende Instandsetzung, bei der ein lichter Innenraum

geschaffen wurde. Der aus Marktbreit stammende Altaraufbau enthält als Gnadenbild eine Madonnenfigur im Riemenschneiderstil.

*Hinweis: In dem nur wenige Kilometer entfernten Waltershausen im Tal der Milz, steht das Schloß der Familie von Kalb (17./18. Jh.). Friedrich Hölderlin verbrachte hier vor 200 Jahren ein knappes Jahr (1793/94) als Privaterzieher.*

Auf der B 279 in westlicher Richtung fahrend kommen wir nach

## ⑰ Wülfershausen

Die kath. Pfarrkirche St. Veit ist ein Neubau von 1962/63, dabei wurde das Gotteshaus von 1607 abgerissen, desgleichen die noch vorhandenen 19 Gaden. Erhalten blieb nur der Turm, er birgt in seinem Untergeschoß den früheren Hochaltar von 1720/30. Von der ehemaligen Befestigung ist fast nichts mehr erhalten.

Nach wenigen Fahrtminuten erreichen wir

## ⑱ Hollstadt

Die kath. Pfarrkirche St. Jakobus der Ältere liegt erhöht inmitten des Dorfes, sie ist im wesentlichen ein Neubau aus den Jahren 1969/70. Erhalten geblieben ist der Chorturm von 1610 in dessen Untergeschoß der spätbarocke Hochaltar seinen Platz fand. Im neuen Altarbezirk ist das 3,5m hohe Sakramentshaus beachtenswert, eine gut gelungene Kombination aus Tabernakel und Monstranz. Die Kirchhofbefestigung wurde bei dem Neubau teilweise beseitigt. Der an der Südseite stehende Torturm gibt ein Zeugnis der früheren Wehrhaftigkeit ab.

Der im 12. Jh. erstmals genannte Ort gehörte bis zur Säkularisation zu den Besitzungen des Klosters Maria Bildhausen.

Bevor wir uns dem Dorf Heustreu zuwenden, wollen wir vorher nach links abbiegen. Wir kommen nach kurzer Fahrt zu dem an der fränkischen Saale liegenden Kreisstädtchen

***Bad Neustadt.***

*Die Stadt, Sitz des Landkreises Rhön-Grabfeld, liegt auf einer leichten Anhöhe, zwischen den in der Frühzeit genannten Orten Brendlorenzen und dem am linken Saaleufer liegenden Salz. In der Nähe mündet die Brend in die Saale und die B 279 stößt hier auf die B 19. Im Jahr 878 als „Oberselz" bezeugt, gehört es ab dem Jahr 1000 zum Bistum Würzburg. Der Name Neustadt erscheint erst in späterer Zeit. Anfang des 13. Jh. erfolgt die Umwehrung mit Mauern und Türmen (1232 wird bereits ein Stadtsiegel geführt). Noch heute ist die Stadtbefestigung zum großen Teil erhalten. Von den ehemals vier vorhandenen Stadttoren steht nur noch das 9 Stockwerk aufragende Hohntor von 1580. Im Stadtinnern sind besonders der weiträumige Marktplatz, die klassizistische kath. Pfarrkirche Maria Himmelfahrt (1794/1836), die ehemalige Karmelitenklosterkirche sowie zahlreiche baulich interessante Bürgerhäuser beachtenswert.*

*Die Kur- und Badeanlagen befinden sich in dem am linken Saaleufer liegenden Stadtteil Neuhaus. Über dem Saaletal erhebt sich die Salzburg, deren Anfänge in das 12. Jh. zurückgehen. Sie war lange Zeit Sitz der Vögte des Bischofs von Würzburg. Seit 1930 sorgt die Freiherrliche Familie von Guttenberg für die Erhaltung der ehemaligen Ganerbenburg.*

*Hinweis:*

*Wenn schon auf die talbeherrschende Salzburg hingewiesen wurde, so dürfen wir den nur zwei Kilometer von Bad Neustadt entfernt liegenden Ort **Salz** nicht unerwähnt lassen. Die erste Erwähnung als „salce" war im Jahre 742. Herzog Karlmann schenkte seinerzeit dem neugegründeten Bistum Würzburg den Zehnten von 26 Königshöfen, darunter Salz. Unter Karl dem Großen wurde der Königshof zur Pfalz ausgebaut. Karl der*

*Große weilte hier in den Jahren 790, 793 und 803. Der Chronist Einhard vermerkt, daß der König mit dem Schiff von Worms auf dem Rhein, dem Main und der Saale zu seiner Pfalz Salz reiste. Nach der Überlieferung soll Karl der Große 803 an der sogenannten Friedenslinde mit den Sachsen Frieden geschlossen haben. In späterer Zeit haben sich noch mehrere Könige und Kaiser in der Pfalz aufgehalten. Leider ist von den Gebäuden der Kaiserpfalz nichts mehr erhalten. Das Langhaus der kath. Pfarrkirche Mariae Himmelfahrt birgt noch Mauerreste der karolingischen Pfalzkirche. Das Gotteshaus wurde in späterer Zeit teilweise umgebaut und wiederholt renoviert. Die Kirche besitzt eine gute Innenausstattung.*

Etwa 1 Kilometer nördlich von Bad Neustadt liegt das alte Straßendorf

## ⑲ Brendlorenzen

Es ist heute ein Stadtteil von Bad Neustadt. Die kath. Pfarrkirche St. Johannes d.T. liegt am Rande des Dorfes und ist von einer neuzeitlichen Mauer umgeben (wahrscheinlich anstelle der früheren Wehrmauer). Das Gotteshaus wird als die älteste Kirche im Bistum Würzburg bezeichnet und gilt auch als eine der ältesten Kirchen in Deutschland. Sie zählt zum Ausstattungsgut des 742 gegründeten Bistums Würzburg. Die Orginalurkunde und die Bestätigung Karls des Großen sind verlorengegangen. In einer Bestätigungsurkunde Ludwigs des Frommen vom 19.12.822 ist die „basilika in honorem Sancti Martini in villa Brende" verzeichnet. Das Patrozinium hat sich später geändert. Das Gotteshaus war als Missions- und Taufkirche Mittelpunkt für die Christianisierung des Westergaues. Mittelalterliche Baunachrichten fehlen. Anhand des Baubestandes läßt sich jedoch feststellen, daß der Bau des Gotteshauses in die Karolinger Zeit zurückgeht. Vor allem der T-förmige Grundriß der Basilika mit Querhaus kann als karolingisches Element angesehen werden. Die sicherlich aus vorromanischer Zeit stammende Apsis wurde im frühen 13. Jh.durch den romanischen Chorturm mit Satteldach ersetzt. 1423 fügte man an den nördlichen Querhausarm eine Kapelle hinzu. Unter Fürstbischof Julius Echter wurden größere Umbaumaßnahmen an Kirche und Turm durchgeführt. Wesentliche Veränderungen erfolgten

außerdem in den Jahren 1711/14, die das heutige Aussehen ergaben. Seit dieser Zeit ist der basilikale Charakter des Gotteshauses von außen nicht mehr erkennbar. Die Innenausstattung stammt größtenteils aus der Barockzeit. Einige Figuren sind aus der Zeit um 1460 bzw. 1500. Bei Renovierungsarbeiten 1969/70 in der 1423 erbauten Kapelle entdeckte man unter mehreren Putzschichten Freskenmalereien, die aus der Bauzeit stammen. Dargestellt sind Szenen aus dem Leben Jesu, ein großer Christopherus und die zwölf Apostel, ferner Szenen aus dem Leben von beliebten Heiligen und das Martyrium Johannes d.T.. Diese über 550 Jahre erhaltenen Fresken sind Zeugnisse mittelalterlicher Kunst und Frömmigkeit. Die Kirche besitzt neben dem barocken Hochaltar noch vier barocke Nebenaltäre. Das Altarbild des Hochaltars zeigt die Himmelfahrt Mariens, im Auszugsbild die Heiligste Dreifaltigkeit. Der Altar im rechten Arm des Querhauses erinnert an die Pestheiligen Sebastian, Rochus und Aquilin. Im linken Seitenschiff steht der 14-Nothelferaltar. Der an der Kanzelseite stehende Altar zeigt ein Gemälde des hl. Konrad von Parzham. Der Altar auf der anderen Seite ist den Frankenaposteln Kilian, Kolonat und Totnan gewidmet. Beachtenswert ist ferner das frühromanische Kapitäl, das in den Ambo integriert wurde und der daneben stehende romanische Säulenstumpf. Weitere Einzelheiten über Altäre und Heiligenfiguren können dem im Gotteshaus aufliegenden Kirchenführer entnommen werden.

Am Westrand des Dorfes steht die Laurentiuskapelle aus dem 13. Jh., die ebenfalls von einer Befestigungsmauer umgeben ist.

Unser nächstes Ziel ist das an der Streu und an der B 19 liegende Dorf

## ⑳ Heustreu

Hier erwarten uns gleich zwei Wehrkirchen. Wenden wir uns zunächst der auf dem Michaelsberg stehenden Michaelskapelle zu. Sie steht in einem ummauerten Friedhof hoch über dem Ort. Vierzehn Stationen eines barocken Kreuzwegs führen auf den Berg. Der Turm gehört mit seinem Untergeschoß dem 13./14. Jh. an, das Langhaus wurde 1576 neuerbaut. Die Innenausstattung entstand um 1690. Bei Renovierungsarbeiten 1959/60

Pfarrkirche „Zu den hl. Engeln“

wurden Wandmalereien aus dem 15. Jh. an den Wänden und Gewölben des Altarraumes freigelegt. Dargestellt sind Szenen aus der Heilsgeschichte (Armenbibel). Die Friedhofsbefestigung - ein sogenannter Rundling - ist mit einer Mauerhöhe außen von 3 - 4 m und innen von 1,5 m gut erhalten. Kragsteine deuten auf einen ehemaligen Wehrgang hin. Das Eingangstor, heute mit Pflanzen überwachsen, soll früher eine Zinnenbekrönung getragen haben.

Da die Kirche außerhalb des Ortes steht, muß der Schlüssel beim kath. Pfarramt in Heustreu geholt werden.

Die kath. Pfarrkirche „Zu den hl. Engeln", vorher „Dreikönig" oder „Erscheinung des Herrn", steht inmitten des Ortes. Sie war früher mit Mauern und Wehrtürmen, sowie von einem Wassergraben umgeben. Zwei noch vorhandene Türme, Teile einer doppelten Mauer mit Zwinger und das vorbeifließende Flüßchen Streu zeugen von der früheren Wehrhaftigkeit. Die ungewöhnliche Lage des Gotteshauses ergibt sich daraus, daß hier in früheren Zeiten eine Wasserburg der Edlen von Heustreu stand. Nach deren frühem Aussterben wurde anstelle der Burg die Pfarrkirche errichtet. Ältester Teil ist das Untergeschoß des Kirchturms aus dem 14. Jh., die Obergeschosse mit dem Julius-Echter-Turm stammen aus der Zeit um 1600. Das Langhaus, im 17. Jh. erweitert, wurde 1956/57 eingelegt und in einem größeren Ausmaß neuerrichtet. Dabei wurden auch die letzten vorhandenen Gaden beseitigt.

Wir setzen unsere Fahrt auf der B 19 fort und sind in kurzer Zeit in

## ㉑ Unsleben

Die kath. Pfarrkirche „Kreuzauffindung" steht erhöht inmitten des Dorfes. Sie geht auf einen mittelalterlichen Bau zurück, der im Bauernkrieg zerstört worden ist. Der Wiederaufbau ging nur zögernd voran, der Turm wurde erst 162o vollendet. Das heutige Langhaus entstand in den Jahren 1934/36. Der klassizistische Hochaltar wurde um 1780 gefertigt. In der Vorhalle stehen Epitaphien der Truchsesse von Wetzhausen. Die ganze Anlage war von Gaden umgeben. Einige Gaden und Mauerreste sind noch erhalten, eine Reihe von Wohnhäusern sind als ehemalige Gaden zu erkennen.

Das im Ort befindliche Wasserschloß (derzeitiger Eigentümer Graf von Waldburg-Zeil) ist ein gutes Beispiel eines fränkischen Reichsrittersitzes.

Ebenfalls an der B 19 und streuaufwärts liegt das schmucke Dorf

## ㉒ Mittelstreu

Die kath. Pfarrkirche St. Johannes d.T. liegt in der Mitte des Dorfes und ist teilweise noch von Gaden umgeben. Der Unterbau des Turmes stammt aus dem 13. Jh., eine Erhöhung des Turmes erfolgte 1607. Das Langhaus wurde 1580/1612 errichtet. Das schöne Portal entstand 1715. Aus der gleichen Zeit stammen die Altäre und die Kanzel. Das Hochaltarbild zeigt die Geburt Christi (1716). Beachtenswert ist der Taufstein von

1601. Er zeigt Motive aus dem Alten und Neuen Testament im Zusammenhang mit Wasser und Taufe. Den Schaft zieren die vier Evangelisten mit ihren Symbolen. Teile der Befestigungsmauer und Gaden mit Schießscharten zeugen von der hohen Verteidigungsbereitschaft.

Unser nächstes Ziel, ebenfalls an der B 19 gelegen, ist

## ㉓ Oberstreu

Die kath. Pfarrkirche St. Andreas liegt auf einer kleinen Anhöhe im westlichen Dorfteil. Die Turmuntergeschosse gehen in das 12. Jh. zurück, der Oberbau wurde 1608 errichtet. Das Langhaus wurde in alter Form 1914/15 neuerbaut, dabei wurde das schöne Portal des frühen 17. Jh. wiederverwendet. Altäre und Kanzel stammen aus der Barockzeit (um 1700),der Taufstein von 1654. Die Kirche ist insbesonders an der Ostseite mit noch gut erhaltenen Gaden umgeben. Zwischen diesen und der Kirche befindet sich noch eine Reihe freistehender Gaden, so daß man hier von einer doppelten Gadenreihe bzw. von einem Gadenzwinger sprechen kann. Ein Teil dieser Gaden (1358 waren es insgesamt 30) gehen in das 13./14.Jh. zurück, an einigen

Rundbogenportalen sind Jahreszahlen zwischen 1488 und 1600 angegeben. An der Nordostecke führt eine spitzbogige Einlaßpforte in den Kirchhof. Dieses Törchen wird als „Totenpforte“ bezeichnet, weil hier die Verstorbenen zum Friedhof getragen wurden. Es zählt zu den Besonderheiten dörflicher Wehrbaukunst. Die Gaden von Oberstreu zählen zu den am besten erhaltenen in Unterfranken. Am Oberbau ist besonders das reiche Fachwerk hervorzuheben.

Oberstreu wurde 796 erstmals urkundlich genannt. Von 1000 - 1300 war der Ort im Besitz der Herren von Streu, später gelangte er an das Hochstift Würzburg.

Im zweiten Markgräflerkrieg (1553) und im Dreißigjährigen Krieg hatte der Ort schwer zu leiden.

Am Nordausgang des Dorfes steht ein merkwürdiger Bildstock. Seine Bestandteile stammen aus drei verschiedenen Kunstepochen. Der Schaft besteht aus vier vorromanischen

Säulen mit einer außergewöhnlichen Knotenverschlingung (bannendes Symbol gegen böse Mächte), der reliefgeschmückte Aufsatz trägt die Jahreszahl 1448 und die Bekrönung wurde 1591 aufgesetzt.

Die Fahrt geht auf der B 19 weiter. Schon von fern grüßt uns der Kirchturm der kath. Pfarrkirche St. Kilian von

***Mellrichstadt.***

*Die Stadt zählt zu den ältesten Siedlungen des Streutales. Als Sitz eines karolingischen Königshofes gehörte der Ort zum Ausstattungsgut des 742 neugegründeten Bistums Würzburg. 1232/33 wurde Mellrichstadt zur Stadt erhoben und konnte sich deshalb mit Mauern und Türmen befestigen. Mellrichstadt hat bis heute sein mittelalterliches Stadtbild bewahrt, weshalb eine Stadtbesichtigung empfohlen wird.*

*In Mellrichstadt verlassen wir die B 19 und biegen nach links in das Tal der Streu zur B 285 ab. Über Stockheim mit der kath. Pfarrkirche St. Vitus und dem ehemaligen Zehnthaus (Fachwerkbau auf gemauertem Erdgeschoß von 1615), erreichen wir einen weiteren Höhepunkt auf unserer Reise. Es ist das Städtchen*

# ㉔ Ostheim vor der Rhön

Wegen seines mittelalterlichen Ortsbildes wird Ostheim als „Rothenburg an der Streu“ bezeichnet. Überragt wird das Städtchen von der im Norden liegenden Kirchenburg. Aufgrund ihrer Mächtig- und Wehrhaftigkeit kann man sie ohne weiteres als Kirchenfestung bezeichnen. Sie gilt zu recht als schönste in Deutschland. Ihre Entstehung geht in die Zeit um 1400 - 1450 zurück. 1410 erfolgte die Weihe des ersten Gotteshauses innerhalb der Befestigung. Sie war der Muttergottes geweiht. Der Kirchhof ist von einem doppelten Mauerring umgeben und zeigt einen quadratischen Grundriß im Ausmaß von 66 x 66 m. Der ca. 7,5 m breite Zwinger umzieht die innere Ringmauer, die bis zu 6 m hoch ist und früher Wehrgänge hatte (an der Südseite noch erhalten). Die Höhe der äußeren Mauer betrug etwa die Hälfte wie die der inneren. Die doppelte Ringmauer hat 5 (ehemals waren es 6) Wehrtürme und 6 (früher waren es 7) Bastionen. An den 4 Ecken steht jeweils ein ca. 25 m hoher Wehrturm. Die 2 inneren westlichen Wehrtürme sind 4-eckig, die östlichen sind rund. An der Südostecke steht noch ein weiterer Rundturm (Schulglockenturm genannt). Hier stand ehemals noch ein Rundturm. Neben dem Kirchengebäude waren im Innenbereich 72 Gaden mit Kellern vorhanden.

Die heutige Michaelskirche von 1615/19 wurde auf dem Platz der Vorgängerkirche errichtet. Der Chor befindet sich im alten Turmuntergeschoß. Der Neubau hat ein großes einheitliches Dach über den drei Schiffen, zwei Säulenreihen teilen den Kirchenraum. Das Mittelschiff hat eine gewölbte hölzerne Tonne. Diese ist mit einem 1619 entstandenen Bild ausgemalt. In der Bildmitte thront Gottvater. Die 24 stehenden Ältesten auf einem Wolkenband bilden den äußeren Kreis. Die Zahl 24 weist auf die 12 Stämme Israels und auf die 12 Apostel hin. An der Südseite des Langhauses sehen wir einen barocken Rahmenaufbau von 1656 mit den geschnitzten Teilen des ehemaligen Hochaltars der Vorgängerkirche. Bemerkenswert sind auch die Grisaillefresken an den Südfenstern von 1619, die bei der letzten Renovierung wieder freigelegt wurden. Die steinerne Kanzel an der rechten Säule des Mittelschiffs entstand ebenfalls um 1619. Aus dem gleichen Jahr stammt der steinerne Taufstein. Er hat eine barocke Fassung mit Malereien und plastischen Engels- und Löwenköpfen. Die Orgel wurde 1738 gefertigt und steht im Chorraum. Die Mitte des Orgelgehäuses ziert das herzoglich-sächsische Wappen. In der Vorhalle und im Langhaus befinden sich an den Wänden mehrere Epitaphien von ortsansässigen Adelsgeschlechtern. Weitere Einzelheiten über die Innenausstattung können dem Kirchenführer entnommen werden.

Ostheim wird in einer Urkunde vom 6.5.804 erstmals erwähnt. Zahlreiche Adelsgeschlechter hatten hier ihren Sitz, noch am Ende des 18. Jh. zählte man 9 Edelhöfe. Unter den bürgerlichen Häusern nimmt das Rathaus, ein Fachwerkbau mit steinernem Untergeschoß von 1587, eine Sonderstellung ein. Weitere schöne Fachwerkhäuser stehen an der Hauptstraße. 1553 erfolgte die Einführung der Reformation. Im Jahre 1586 bekam Ostheim das Marktrecht, 1596 wird sie urkundlich als Stadt genannt. Seit 1920 gehörte Ostheim zu Thüringen, nach 1945 wurde es dem Land Bayern zugeschlagen.

Kirche tagsüber geöffnet.

Von Ostheim fahren wir streuaufwärts und kommen nach

## ㉕ Nordheim vor der Rhön

Die kath. Pfarrkirche St. Johannes d. T. liegt auf einem Hügel über dem Dorf. Die Untergeschosse des ehemaligen Chorturms gehen in das 14. Jh. zurück, das Obergeschoß wurde 1565 errichtet. Das 1696 - 1708 neuerbaute Langhaus wurde 1974 um ein Querhaus erweitert. Hochaltar und Kanzel wurden um 1700 gefertigt, die Seitenaltäre 1730. Bei dem 1974 erfolgten Umbau wurden auch gotische Fresken freigelegt (Seitenkapelle). Beachtung verdient auch die in einem Glasschrein untergebrachte spätgotische Abendmahlsgruppe, sowie der originelle Renaissance-Taufstein aus dem Jahre 1603. Von mehreren Ölgemälden des Künstlers Oswald Onghers ist besonders das Kiliansbild hervorzuheben (um 1680). Von der ehemaligen Kirchenbefestigung (mit Gaden) ist noch ein runder Turm vorhanden. Der reizvolle Aufgang zur Kirche mit dem Rundturm bietet ein eindrucksvolles Bild dieser wehrhaften Anlage (Nordheimer Malerwinkel; s.Titelbild).

Von der alten Dorfbefestigung sind große Teile der Mauer und ein Torhaus erhalten, besonders wirkungsvoll ist die dreibogige Brücke über die Streu von 1618 mit Nepomukfigur. Schmucke Fachwerkhäuser säumen die Uferstraße der Streu. Das ehemalige Zehnthaus (um 1620) ist ein besonders schöner Fachwerkbau mit originellen Schnitzereien. Ein Spaziergang durch den Ort und am Ufer der Streu bietet herrliche Einblicke.

Nordheim entstand in der Zeit der fränkischen Landnahme. 774 wird es in Fuldaer Schenkungsurkunden erstmals genannt. Es zählt somit zu den ältesten Siedlungen des oberen Streutales.

*Hinweis:*
*Nicht weit von Nordheim liegt das Rhönstädtchen*

***Fladungen***.

*Die Geschichte Fladungens reicht weit zurück. Im Jahr 789 wird der Ortsname Fladungen in einer Fuldaer Urkunde erstmals genannt. 1218 wird der Ort als Markt bezeichnet und 1335 verlieh Ludwig der Bayer Stadtrechte. Mit dieser Verleihung war der Bau von Mauern und Türmen verbunden, die zum großen Teil noch erhalten sind. Fladungen bietet ein sehr schönes mittelalterliches Stadtbild. Hervorzuheben sind insbesondere die kath.Pfarrkirche St.*

*Kilian, auf mittelalterlichen Mauern 1656/59 neu erbaut, ferner das 1601 im Renaissancestil erbaute Zehnthaus, das heute u.a. das sehenswerte Rhönmuseum beherbergt. Viele gut erhaltene Fachwerkhäuser verleihen dem Stadtbild eine besondere Behaglichkeit.*

Hinzuweisen ist auch noch auf die oberhalb der Stadt auf einem Berg stehende St. Gangolfkapelle von 1597.

In Nordheim v.d. Rhön fahren wir südwärts nach

## ㉖ Sondheim v. d. Rhön

Die evang.-luth. Pfarrkirche liegt erhöht am Rande des Dorfes. Baubeginn ist das frühe 16. Jh., 1605 erfolgte eine Erweiterung der Chorturmkirche. An der Südseite steht die spätgotische Kapelle (1512) mit Treppenturm zur Empore. Der Turm hat vier Scharwachtürmchen. Die Innenausstattung verdient besondere Beachtung. Ein großes Gemälde auf der Bretterdecke zeigt die Himmelfahrt Christi (etwa 1775), die Emporenmalereien von 1606 enthalten biblische Szenen. Am Taufstein, ebenfalls von 1606, wird reliefartig der Untergang der Ägypter im Roten Meer dargestellt. Besonders eindrucksvoll ist der Kanzelaltar und der großartige Orgelprospekt vom Ende des 18. Jahrhunderts. Von der Kirchhofbefestigung sind noch einige Gaden und Teile der hohen Wehrmauer vorhanden. Ein weiterer Höhepunkt an unserer Fahrtroute.

Sondheim wurde 789 erstmals erwähnt. Es gehörte zur thüringischen Exklave Ostheim (mit Stetten und Urspringen), die nach 1945 bayerisch wurde.

Schlüssel zur Kirche: Herr Kurt Grenzer, Kirchberg 6, Tel. 09779/1626

Über Urspringen mit seiner im neugotischen Stil (1842/46) erbauten evang.-luth. Pfarrkirche erreichen wir in kurzer Fahrtzeit den Markt

## ㉗ Oberelsbach

Schon von fern grüßt uns die auf einem Hügel über dem Dorf stehende kath. Pfarrkirche St. Kilian. Das Gotteshaus ist ein stattlicher Saalbau mit Turmfassade aus den Jahren 1756/84. Die neuen Deckengemälde sind von Rokokostukkaturen umrahmt. Der mächtige Hochaltar mit der Darstellung der Kiliansmarter im Altarblatt wurde 1750 gefertigt. Die Seitenaltäre mit Mittelfiguren von 1775 sind feine Rokokoarbeiten, die Kanzel ist klassizistisch.

Die Befestigungsmauer um die ganze Kirchenanlage ist größtenteils noch erhalten. Ein imposanter Aufgang und ein fränkisches Tor mit Pförtchen führen in den Kirchen- und Friedhofsbezirk.

Der Ort wurde 812 als „Villa Oberespe“ erstmals urkundlich genannt, er gehörte bis zum 14. Jh. der Abtei Fulda. Später war das Dorf im Besitz des Klosters Wechterswinkel bis es zuletzt an das Juliusspital Würzburg fiel.

*Von Oberelsbach setzen wir unsere Fahrt in Richtung Bischofsheim und Bad Brückenau fort bis wir die alte Wehrkirche in Diebach bei Hammelburg erreichen. Die Strecke führt durch eine landschaftlich besonders schöne Gegend. Zunächst grüßt uns von fern der Kreuzberg, mit 928 m der höchste Berg der unterfränkischen Rhön. Der Weg zum Kreuzberg führt über Bi-*

*schofsheim nach Haselbach und von dort über eine gute Straße zum Kloster. Im Jahre 686 soll der hl. Kilian mit seinen Gefährten Kolonat und Totnan auf dem Gipfel des „Asenberges" ein Kreuz aufgerichtet und getauft haben. In Haselbach erinnert noch der Kiliansbrunnen an die Missionstätigkeit des Frankenapostels.*

*In* ***Bischofsheim****, das sein altertümliches Stadtbild bewahrt hat, sollte man eine Rast einlegen und einen Stadtrundgang unternehmen. Über der Stadt erhebt sich der Turm der kath. Pfarrkirche St. Georg, die von 1607/10 unter Fürstbischof Julius Echter erbaut wurde. Zu den Sehenswürdigkeiten des Gotteshauses zählt u.a. der Taufstein und die Kanzel aus der Erbauungszeit. Ein weiteres Wahrzeichen des Städtchens ist der Zehntturm aus romanischer Zeit mit Fachwerkobergeschoß. Dem Marktplatz geben zwei gußeiserne Brunnen aus dem 16. Jh. einen besonderen Reiz. Von der alten Stadtmauer sind nur noch wenige Mauerstücke erhalten. In Bischofsheim befindet sich außerdem die älteste Holzschnitzschule Deutschlands, Traditionsstätte eines landschaftsgebundenen Kunsthandwerks.*

*Hinweis:*
*Zwischen Bischofsheim und Sandberg steht das sogenannte Irenkreuz. Nach neuesten Forschungen zählt das Kreuz zu den ältesten Symbolen des Christentums auf deutschem Boden.*

Über Wildflecken und dem in schönster Umgebung liegenden Oberbach erreichen wir

***Bad Brückenau.***

*Die Stadt liegt im Tal der Sinn und ist von den Wäldern der südlichen Rhön umgeben. Das Gebiet um „Sinnau", wie es früher genannt wurde, war Königsland. Es gelangte durch Schenkung an das Kloster Fulda, bei dem es bis zur Säkularisation verblieb. Nach Erbauung einer Brücke über die Sinn, wurde die Siedlung in „Brückenau" umbenannt. Um 1310 wurden die Stadtrechte verliehen. Jedoch soll schon vorher (1260) eine Stadtmauer vorhanden gewesen sein. Später wurde die Mauer erweitert und mit sechs Stadttoren versehen (1337). Bei dem großen Stadtbrand im Jahre 1876 wurden 142 Häuser zerstört, deshalb stammen die meisten Gebäude aus der Zeit des Wiederaufbaus.*

*Die Heilquellen wurden im 18. und 20. Jh. erbohrt. Der Bayernkönig Ludwig I. war ein großer Förderer des Heilbades. Ihm sind im wesentlichen die Kurgebäude zu verdanken. 1970 wurde der Stadt das Prädikat „Bad“ verliehen. Ein Spaziergang durch die Kuranlagen ist sicherlich erholsam.*

*Nach dieser Unterbrechung fahren wir auf der B 27 bis nach*

***Hammelburg.***

*Auch hier sollte man einen kurzen Stadtrundgang unternehmen. 716 wird Hammelburg erstmals urkundlich genannt. Karl der Große schenkte 777 den Ort dem Kloster Fulda. Bis zum Übergang an Bayern 1816 war Hammelburg Verwaltungsmittelpunkt der im Süden gelegenen fuldaischen Besitzungen.*

*Ab 1242 - 1260 wurde der Ort befestigt, 1303 erfolgte die Erhebung zur Stadt. Bei dem großen Brand 1854 wurde die Stadt fast völlig zerstört.*

*Von den Sehenswürdigkeiten sind zu nennen: Die kath. Stadtpfarrkirche St. Johannes d.T. von 1461 mit reicher Innenausstattung, das Rathaus mit Treppengiebel von 1526/29 - nach dem Stadtbrand durchgreifend renoviert 1855/56 - der prachtvolle Marktbrunnen von 1541 und das ehemals fürstäbtliche Schloß - wegen seiner Sandsteinfront „Rotes Schloß“ genannt - von 1725/31.*

*Über der Stadt erhebt sich die Burg Saaleck, ehemals Amtssitz der Fürstäbte von Fulda, zugleich Grenzfeste gegen das Bistum Würzburg. Die Entstehung der Burg fällt in das 11./12. Jh., im Jahre 1179 erfolgte die erstmalige urkundliche Erwähnung. Unterhalb der Burg Saaleck und nur einen Kilometer von Hammelburg entfernt liegt das Franziskanerkloster Altstadt, dessen Gründung 1649 erfolgte. Der heutige Kirchenbau mit guter Innenausstattung wurde 1700 geweiht.*

Unser nächstes Ziel ist der seit 1972 zur Stadt Hammelburg gehörende Ortsteil

# ㉘ Diebach

Die kath. Pfarrkirche St. Georg liegt erhöht inmitten des Dorfes. Das Gotteshaus ist ein spätromanischer Bau (1270) mit Chorturm und Apsidenabschluß. Diese Bauteile zeigen noch sehr interessante romanische Details. Im Jahre 1508 wurden die Fenster spätgotisch umgestaltet, das Langhaus wurde 1923 nach Westen vergrößert. In den Jahren 1971/73 ist der alten Kirche ein modernes Gotteshaus angefügt worden. Im Innern sehen wir am Hochaltar Maria und Johannes aus dem Anfang des 16.Jh., die Figuren der hll.Urban und Ottilie dürften etwas älter sein, sie stehen heute im Neubau. Beachtenswert sind auch zwei Grabdenkmäler für Dorethea von Thüngen (gest. 1524) und Albrecht von Thüngen (gest.1533). Die Kirche war früher von zweigeschossigen unterkellerten Gaden umgeben. Ein Teil mußte dem Kirchenneubau weichen, die noch vorhandenen Gaden bedürfen dringend der Sanierung. Der Ort wird bereits in einer Urkunde Karls des Großen 777 genannt, in der Hammelburg samt Zugehörungen (darunter „Thypfbach“) dem Kloster Fulda zum Eigentum übergeben wird.

Zwei Kilometer westlich von Hammelburg liegt an der B 27 der Ortsteil

## (29) Untereschenbach

Die kath. Pfarrkirche Mariae Geburt liegt erhöht über dem Dorf und inmitten des terrassenförmig angelegten Friedhofs. Die malerische Wehrkirche ist eine gotische Anlage des 15. Jahrhunderts. 1568 erhielt der Chor ein Wehrgeschoß mit Fachwerk, außerdem wurde ein Dachreiter aufgesetzt. Im Hochaltar steht eine barocke Madonna aus dem 17. Jahrhundert. Von der früheren Kirchhofbefestigung sind noch Mauerreste vorhanden.

Ebenfalls nur wenige Kilometer von Hammelburg entfernt liegt in Richtung Bad Kissingen an der B 287

## (30) Fuchsstadt

Die kath.Pfarrkirche Mariae Himmelfahrt steht etwas erhöht über dem Dorf. Der aus dem 13.Jh. stammende Kirchturm er-

hielt im 17. Jh. ein neues Obergeschoß mit spitzem Dach. Das Langhaus, ein flachgedeckter Saalbau mit einem gewölbten Polygonchor und einer reichgegliederten zweigeschossigen Fassade, wurde 1766 errichtet. Die Innenausstattung ist einheitlich und von bedeutender Wirkung. Besonders sehenswert sind die vorzüglichen Altäre mit guten Figuren und die Kanzel in Stuckmarmor. Die Gaden, nur noch an zwei Seiten erhalten, sind in einem guten baulichen Zustand.

Fuchsstadt ist in jüngster Zeit durch seine Erdfunkstelle mit vier Antennen bekannt geworden.

*Zurück nach Hammelburg fahren wir auf der B 27 weiter in Richtung Karlstadt. In* ***Gössenheim****, dessen alte kath. Pfarrkirche St. Radegundis 1959 bis auf den Turm von 1392 eingelegt und anschließend als achteckiger Neubau errichtet wurde, sind nur noch wenige Reste der ehemaligen Kirchhofbefestigung vorhanden.*

*Nordöstlich des Dorfes liegt auf einer schmalen Bergzunge, die vom Tränkbach umflossen wird, die* ***Ruine Homburg****. Es ist eine der imposantesten Burgruinen Frankens. Sie wurde im 11.Jh. erbaut, ab 1720 begann der allmähliche Verfall. Die noch vorhandenen Gebäude- und Mauerreste lassen die einstige Größe der Burganlage erkennen.*

Nach einigen Kilometern zeigt ein Hinweisschild zu dem Dorf

## (31) Aschfeld

Die kath.Pfarrkirche St. Bonifatius steht hoch über dem Dorf. Der heutige Kirchenbau, anstelle einer älteren Vorgängerkirche, wurde 1679/81 errichtet. Im Kircheninnern besonders wirkungsvoll der Hochaltar im eleganten Rokoko (um 1740). Von der früheren Befestigung sind noch mehrere Gaden, der Torturm und Mauerreste vorhanden.

Der Ort wird bereits 779 als Königshof an der Kreuzung wichtiger Handelsstraßen in einer Fuldaer Schenkungsurkunde genannt. Ab dem Jahr 900 - 1428 bestand hier ein Beginenkloster. In Aschfeld werden noch alte fränkische Bräuche gepflegt. Das Dorf mit den aneinandergereihten Hofketten und einigen herausragenden Gebäuden hat seinen dörflichen Charakter weitgehend bewahrt.

Wir fahren wieder zurück auf die B 27 und kommen nach wenigen Kilometern nach

**Karlstadt.**

*Das reizvolle Städtchen ist der Sitz des seit 1972 bestehenden Landkreises Main-Spessart. Die Stadt wurde um 1200 von dem Würzburger Bischof Konrad von Querfurt planmäßig gegründet, die Befestigung wurde um 1300 errichtet. Karlstadt ist ein eindrucksvolles Beispiel der Städtebaukunst des 13. Jahrhunderts. Wie auf einem Reißbrett verlaufen die Straßen und die dazugehörigen Wohnbauten. Besonders reizvoll ist der quadratische Marktplatz mit dem um 1422 gebauten Rathaus mit Treppengiebel und einer zweiläufigen Freitreppe.*

*Die kath. Pfarrkirche St. Andreas, ein gotischer Bau auf den Grundmauern einer spätromanischen Basilika, liegt abseits der Hauptverkehrsader. Die Kirche besitzt eine reiche Innenausstattung. Hier wird auf den im Gotteshaus aufliegenden Kirchenführer hingewiesen.*

*Die Stadtbefestigung aus dem 13. Jh. ist weitgehend erhalten. Ein besonders schönes Stadtbild bietet der Blick von der Mainseite her. Malerisch und reizvoll ist die Maingasse mit dem Main-Tor und dem Blick auf die Ruine Karlsburg.*

*Außerdem wird der Besuch des stadtgeschichtlichen Museums sehr empfohlen.*

*Am gegenüberliegenden Mainufer liegt beherrschend über der Stadt die Ruine* **Karlsburg**, *die trotz des ruinenhaften Zustands einen imponierenden Eindruck macht. Ausgrabungen haben bewiesen, daß der Felsvorsprung schon in vorchristlicher Zeit von der keltischen Bevölkerung als Fliehburg benutzt wurde. Die heutige Burganlage dürfte im Zusammenhang mit der Stadtgründung entstanden sein. Nach ihrer Zerstörung im Bauernkrieg 1525 wurde sie nicht mehr aufgebaut.*

*In Karlstadt überqueren wir den Main und fahren in Richtung Lohr am Main. Bereits nach drei Kilometern Fahrtstrecke empfängt uns das Dorf* **Karlburg**. *Der Ort zählt zu den ältesten Gemeinden des Landkreises Main-Spessart.*

*Das nach der Legende von der hl. Gertrud gegründete Kloster wurde 742 von Herzog Karlmann dem neugegründeten Bistum Würzburg als Ausstattungsgut übergeben. In Karlburg bestand außerdem seit dem 6. Jh. ein fränkischer Königshof als*

*Wirtschafts- und Verwaltungsmittelpunkt. Die dem hl. Johannes d.T. geweihte kath. Pfarrkirche war in früheren Jahrhunderten Missions- und Taufkirche. Als Urpfarrei war sie ein religiöser Mittelpunkt im Waldsassengau. Die heutige Pfarrkirche wurde unter Verwendung älterer Bauteile 1960/61 errichtet. Der Kirchturm stammt noch aus der Zeit um 1614. Mehrere fränkische Höfe mit den entsprechenden Hoftoren, Hausmadonnen und viele Bildstöcke prägen das Dorfbild.*

*Über Wiesenfeld und Steinbach mit seinem Barockschloß und Barockkirche erreichen wir das Maintal und damit unser nächstes Ziel*

## *Lohr am Main.*

*Die Stadt trägt zu recht den Beinamen „das Spessart-Tor". Von hier führen nicht nur die B 26 sondern auch zahlreiche Wanderwege in den Spessart. Lohr wird bereits im 9. Jh. erwähnt und ist seit Beginn des 12. Jh. ein befestigter Ort der Grafen von Rieneck. Die Stadtrechte wurden 1333 verliehen. Nach dem Aussterben der Grafen von Rieneck 1559 fällt die Stadt an die Kurfürsten von Mainz und blieb bis 1803 mainzischer Oberamtssitz. Seit 1814 gehört sie zu Bayern. Um die Fülle der Sehenswürdigkeiten kennenzulernen, ist ein Stadtrundgang empfehlenswert.*

*In kurzer Form wird auf bemerkenswerte Gebäude aufmerksam gemacht. An die frühere Befestigung erinnert noch der Stadtturm und Mauerreste in der Nähe der kath. Pfarrkirche St. Michael. Dieses Gotteshaus, eine romanische Säulenbasilika, reicht in das 13. Jh. zurück. Chor und Turm sind dem 15. Jh. zuzuordnen. Im Kircheninnern finden wir u.a. neben einem spätgotischen Taufstein einen wertvollen Kreuzaltar aus dem Rokoko (1756) und eine klassizistische Kanzel von 1804. Chor und Langhaus enthalten viele Grabdenkmäler und Epitaphien der Grafen von Rieneck, sowie deren Lehensleute und Beamten. Es sind großartige Zeugnisse fränkischer Steinplastik des 15. und 16. Jahrhunderts.*

*Die Hauptstraße säumen schöne Bürger- und Fachwerkhäuser. Sie führt uns zu dem in den Jahren 1601/02 aus rotem Sandstein errichteten Rathaus. Ganz in der Nähe steht an der Nord-*

*westseite der Stadt das Schloß der Rienecker Grafen, welches in den Jahren 1561-1611 von den Mainzer Erzbischöfen erweitert wurde. Heute ist in dem Gebäude das Spessartmuseum untergebracht, dessen Besuch unbedingt empfohlen wird.*

*Freunde religiösen Brauchtums werden auf die alljährliche Karfreitagsprozession hingewiesen. Dargestellt wird die Leidensgeschichte Jesu. Die einzelnen Figuren werden seit Jahrhunderten von verschiedenen Berufsgruppen (früher Zünfte) durch die Stadt getragen. Urkundlich läßt sich die Prozession bis in das Jahr 1656 zurückverfolgen.*

*In der Nähe von Lohr liegt der bekannte Wallfahrtsort Mariabuchen, den man auf erholsamen Waldwegen erreichen kann.*

*Ab Lohr bieten sich zwei Möglichkeiten zum Besuch weiterer Wehrkirchen an. Die erste Route bringt uns zu den Wehrkirchen im Spessart und an den Main, die zweite führt uns mainabwärts. Beide Routen treffen in Wertheim am Main zusammen. Wenden wir uns zunächst den Wehrkirchen im Spessart zu.*

*Über die B 26 und einer Seitenstraße erreichen wir den im Kahlgrund gelegenen Markt*

## ㉜ Schöllkrippen

Die dem Evangelisten Lukas geweihte kath. Kirche von 1449 steht inmitten des Marktes in der Nähe des ehemaligen Schlosses. Im Jahre 1523 wurde der Chor angebaut. Der wuchtige quadratische Turm hat ein mächtiges spitzes Helmdach, das aus geschichteten Bruchsteinen bis zur Spitze aufgemauert ist (sehr selten). An dem Turmkranz sitzen vier achteckige Erker. Der Platz zwischen dem Helmansatz und der Obergeschoßkante, sowie Schießscharten im Turm zeugen von der Wehrhaftigkeit der Kirche. Das Gotteshaus diente früher als Grablege der Schloßbewohner, es war bis zum 19. Jh. von einem Friedhof umgeben. Teile der früheren Befestigungsmauern sind noch vorhanden.

Das Schloß, heute Rathaus, die St. Lukas Kapelle und einige schöne Fachwerkbauten bilden den alten Kern des Marktes Schöllkrippen.

Die heutige Pfarrkirche St. Katharina, die seit 1184 als Sitz der Pfarrei Ernstkirchen bekannt ist, steht erhöht am südwestlichen Ausgang des Marktes. Einige Bauteile gehören noch der Romanik, Chor und Turm der Gotik (14.Jh.) an. Das Langhaus wurde mehrmals verändert. Bei Grabarbeiten in der Kirche wurde eine Steinplatte gefunden, die aus der Mitte des 8. Jh. stammen soll. Auf diesem Stein sind sowohl heidnische wie christliche Symbole eingearbeitet. Er wurde inzwischen an der Chorwand angebracht.

Der Markt Schöllkrippen war schon in vorgeschichtlicher Zeit besiedelt. Davon zeugt der keltische Ringwall auf dem Reuschberg aus der Zeit um 500 v.Christus. Der Ort wird zu recht als das Herz des Kahlgrundes bezeichnet.

Wir folgen der Kahl abwärts und kommen über Königshofen, Mömbris und Michelbach nach

## ㉝ Kälberau

Die Wallfahrtskirche „Maria vom rauhen Wind" liegt erhöht am Ortseingang. Der älteste Teil steckt in der Langhausmauer. Chor und Turm stammen aus der 1. Hälfte des 15. Jahrhunderts.

Das Innere des Kirchengebäudes wird durch einen Rundbogen in zwei Hälften geteilt. Das Langhaus hat eine Flachdecke, während der etwas erhöhte Chor noch das spätgotische Kreuzrippengewölbe aufweist. Beachtenswert das anmutige Gnadenbild der „Muttergottes vom rauhen Wind", ein Werk von hoher Qualität aus der Zeit um 1380. Von der Befestigungsmauer mit Schlitzscharten sind noch große Teile erhalten, ganz besonders zur Straße hin. Für Freunde der Volkskunde ist die an der Straße an einer Steinsäule befestigte „Kälberauer Elle" interessant.

In den Jahren 1956/57 erfuhr das denkmalgeschützte Gotteshaus eine Erweiterung. Es entstand ein Anbau, der durch seine Glasflächen eine unmittelbare Verbindung zur Natur schafft. Die Verbindung von alt und neu ist hier besonders gut gelungen.

Von Kälberau kommen wir in kurzer Zeit nach

***Alzenau.***

*Die ehemalige Kreisstadt liegt am Fuße des Hahnenkammes und am Eingang des Kahlgrundes. Seit 1401 besitzt Alzenau Stadtrechte. Von dem Recht, die Stadt zu befestigen, wurde nie Gebrauch gemacht. Wahrzeichen ist die nördlich der Stadt liegende Burg. Sie wurde gegen 1400 von den Kurmainzern erbaut und ist heute noch ein gutes Beispiel einer spätgotischen Burganlage. Die kath. Pfarrkirche St. Johannes von Nepomuk wurde nach 1754 gebaut und ist ein Saalbau mit einem stattlichen Fassadenturm. Die reizvolle Rokokoeinrichtung ist beachtenswert. Im ältesten Zinsregister des Klosters Seligenstadt wird der Ort um das Jahr 1000 „Uillimuntesheim" genannt.*

*Nach einer kurzen Fahrtstrecke erreichen wir über Wasserlos*

## (34) Hörstein

Die hoch über dem Ort stehende kath. Pfarrkirche Maria Himmelfahrt ist der Mittelpunkt des Marktfleckens. Der massige Kirchturm mit Zinnenkranz und gemauertem Steinhelm aus dem 15. Jh. gibt ein wehrhaftes Zeugnis ab. Eine besondere Zierde ist das am Turm befindliche Uhrenhäuslein. Der spätgo-

tische Chor wurde 1511 errichtet. Dem Turm und dem Chor wurde 1954/55 ein neues Langhaus angefügt. Die alte Innenausstattung wurde in den Neubau übernommen. Das wertvollste Kunstwerk der Kirche, eine Anna-Selbdritt-Gruppe von 1520/30, wurde in der gotischen Turmkapelle aufgestellt.

Der Siedlungsname Hörstein wird in einem undatierten Zinsregister des Klosters Seligenstadt (wahrscheinlich aus dem späten 9. Jh.) erstmals genannt. Eine weitere Nennung erfolgte im Jahr 1000, als der Benediktinerabt Beringer in „Hursten", auch

„Kurstin“, einen Weinberg erwarb. Die Hörsteiner Weine haben heute noch einen guten Ruf.

Von Hörstein müssen wir die Richtung Aschaffenburg einschlagen, um auf die B 8 zu kommen.

Schon von fern grüßt uns die Stadtsilhouette von

***Aschaffenburg.***

*Die Stadt gilt als westliche Eingangspforte in den Spessart. Neben vielen anderen Sehenswürdigkeiten sei hier nur auf das Schloß Johannisburg, ehemalige Residenz der Mainzer Erzbischöfe von 1606/1614, das Pompejanum von 1840/48, für König Ludwig I. von Bayern erbaut, die kath. Stadtpfarrkirche St. Peter und Alexander mit ihrer reichen Ausstattung, deren Anfänge in die Mitte des 10. Jh. zurückgehen, hingewiesen. Auf der linken Mainseite liegen Schloß und Park Schönbusch aus dem 18. Jahrhundert.*

*Auf der B 8 weiterfahrend geht es in den Spessart und wir gelangen nach einer halbstündigen Fahrt nach*

## ㉟ Hessenthal

Auf dem Kirchenhügel inmitten des Dorfes stehen drei Gotteshäuser. Von der Dorfstraße führt eine breite Treppenanlage zu den Kirchen. Mit dem Bau der Gnadenkapelle, die eine Art Torhaus bildet, wurde 1454 begonnen. Bereits 1439 war daneben eine Begräbniskirche der Familie Echter von Mespelbrunn erbaut worden. Beide Kapellen wurden bei dem Neubau der Wallfahrtskirche in den Jahren 1954/56 mit einbezogen. In der Gnadenkapelle steht in einem Altar von 1718 das Gnadenbild, eine Vespergruppe aus der 2. Hälfte des 15. Jahrhunderts. Die in der Echterkapelle stehenden Altäre stammen aus der Barockzeit (17.Jh.). Sie enthält außerdem an den Wänden zahlreiche Epitaphien der Echter von Mespelbrunn. Besonders ausdrucksvoll ist das Relief für die 1536 verstorbene Agnes Elisabeth, geb. Gräfin von Werdenberg und das 7 m hohe Denkmal, das Dietrich Echter 1582 für seine Eltern, Geschwister und sich

selbst errichten ließ. Bei den Geschwistern erkennen wir im Bischofsornat Julius, Fürstbischof von Würzburg (gestorben 1617).

In der neuen Pfarrkirche bildet die von Hans Backoffen 1519 geschaffene Kreuzigungsgruppe den weihevollen Hochaltar. An der rechten Seitenwand des Langhauses befindet sich eine ergreifende spätgotische Beweinungsgruppe, ein Frühwerk Tilman Riemenschneiders (um 1490).

Die ganze Anlage war früher von einer Mauer umgeben, die in das frühe 15. Jh. zu datieren ist. Teile der Mauer mit schlitzartigen Schießscharten sind noch vorhanden.

Nach Hessenthal führt seit 1292 eine Marienwallfahrt, die zu den ältesten der Diözese Würzburg zählt.

Ab Hessenthal beginnt das Tal der Elsava, die in der Nähe des Dorfes entspringt.

Der nächste Ort heißt ***Mespelbrunn.***

*Das Dorf ist bekannt durch das in einem kleinen Seitental und an einem See liegende Märchenschloß Mespelbrunn. Im Jahre 1427 wurde mit dem Bau begonnen, der markante Rundturm entstand 1430. Das heutige Aussehen geht im wesentlichen auf Peter Echter III. (1551-1569) zurück. Die Schloßanlage ist heute im Besitz der Grafen von Ingelheim. Das Schloß besticht nicht nur durch seine einzigartige Lage, sondern auch durch die wertvolle Innenausstattung.*

*Unsere Fahrt geht weiter durch das Elsavatal sowie durch die Dörfer Heimbuchenthal und Hobbach. Kurz vor der Ortschaft Sommerau biegen wir rechts ab und kommen nach kurzer Fahrtzeit über Eichelsbach nach*

## ㊱ Hofstetten

Die evang.-luth. Kirche St. Michael liegt etwas erhöht inmitten des Dorfes. Über einer romanischen Apsis wurde 1473 der Turm errichtet. Das Langhaus von 1706 wurde 1970 erweitert. Die aus der 2. Hälfte des 15. Jh. stammende Kirchhofbefestigung ist zum größten Teil in einer Höhe von 1-3 m erhalten. An der Nordostecke befindet sich eine kleine Toranlage mit Rundbogentor.

Schlüssel: Evang.-luth. Pfarramt, Eichelsbacher Str. 15, Kleinwallstadt, Tel. 06022/21367

Um zu unserer nächsten Wehrkirche zu kommen müssen wir in Obernburg den Main überqueren und mainabwärts die B 469 befahren. Nach einigen Kilometern zweigt rechts eine Straße ab nach

## ㊲ Großwallstadt

Die kath. Pfarrkirche St. Peter und Paul steht inmitten des Ortes und ist heute noch von einer hohen Wehrmauer umgeben. Der älteste Teil des Gotteshauses ist der frühgotische Kirchturm aus der 2. Hälfte des 13. Jahrhunderts. Chor und Langhaus wurden 1755/56 errichtet, die Innenausstattung stammt ebenfalls aus der Erbauungszeit. Die gut erhaltene romanische Kirchhofbefestigung aus dem 13. Jh. besitzt ein sehr schönes Rundbogenportal. An der Nordseite wurde anstelle eines Turmes Ende des 18. Jh. eine Ölbergkapelle erbaut. Das Tor an der Mainseite ist mit Zinnen bekrönt. Die Kirchhofbefestigung zählt aufgrund ihres hohen Alters zu den interessantesten Anlagen dieser Art am Untermain.

In römischer Zeit stand hier ein Landgut, in der Karolingerzeit ein königlicher Meierhof mit dem Namen „Walstadtregis".

Zurück auf die B 469 kommen wir mainaufwärts in die ehemalige Kreisstadt

***Obernburg.***

*Die Stadt liegt am linken Mainufer auf dem Gelände eines früheren Römerkastells. 1183 erfolgte erstmals die urkundliche Erwähnung als „Overenbure", 1317 wurden die Stadtrechte verliehen. Der Stadtgrundriß ist fast viereckig und wird durch die Hauptstraße mit schönen Fachwerkhäusern in zwei Hälften geteilt. Von der früheren Stadtbefestigung sind noch Mauerreste, Tore und Türme erhalten. Der Almosenturm mit einem schönen Zinnenkranz zählt zu den Wahrzeichen Obernburgs. Ein Rundgang und der Besuch des Heimatmuseums mit Funden aus der Römerzeit ist empfehlenswert.*

*Von Obernburg gelangen wir auf der B 469 nach*

***Wörth.***

*Der Ort ist eine alte fränkische Siedlung, die ihren Ursprung in einem ehemaligen Römerkastell hat. Viele Einwohner fahren auf dem Wasser als Binnenschiffer, andere sind auf der dem Main gegenüber liegenden Schiffswerft Schellenberger in Erlenbach als Werftarbeiter tätig. Die Werft besteht seit 1626, sie zählt zu den ältesten in Deutschland und ist die größte Binnen-*

*schiffswerft in Bayern. In Wörth wurde in jüngster Zeit ein Schiffahrtsmuseum eingerichtet, dessen Besuch lohnend ist.*

*Der nächste Ort mainaufwärts heißt*

***Trennfurt.***

*Das Dorf wurde schon im 9. Jh. als „Trillunford" erwähnt. Auf der Mainseite gegenüber liegt der bekannte Weinort*

***Klingenberg.***

*Das unterhalb der Ruine Klingenburg liegende Städtchen mit seinen Weinbergen und der herrlichen Lage am Main, zieht jährlich viele Besucher an. Der „Klingenberger Rote" wird von Weinkennern geschätzt. Der Klingenberger „blaue Ton" macht die Stadt weltweit bekannt. Nach einem Spaziergang durch den idyllischen Ort und einer evtl. Einkehr geht es über die Mainbrücke zurück nach Trennfurt auf die B 469. Nach kurzer Fahrzeit erreichen wir*

***Laudenbach.***

*Hier treten Odenwald und Spessart ganz nahe an den Main heran, was landschaftlich besonders reizvoll ist. Im Ort steht ein Schloß aus dem 18. Jh. mit einem im englischen Stil angelegten Park. In wenigen Fahrtminuten gelangen wir nach*

***Kleinheubach.***

*Sehenswert ist das Fürstlich-Löwenstein'sche Schloß aus den Jahren 1723/32 mit seiner zwei Kilometer langen Parkanlage. Hier hatten schon die Römer ein Standlager errichtet. Gegenüber auf der rechten Mainseite liegt der Weinort*

***Großheubach.***

*Der Ort besitzt neben vielen Fachwerkgebäuden ein schönes Fachwerkrathaus von 1612. Über dem Ort grüßt von den Spessartbergen das Kloster Engelberg. Ein Landschaftsbild von besonderem Reiz.*

*Hinweis:*
*Von Kleinheubach führt die B 469 durch das Tal der Mud in den Odenwald. Nach etwa 8 Kilometern gelangt man in das romantische Städtchen*

***Amorbach.***

*Um 734 gründeten Benediktinermönche die Abtei und begannen von hier aus die Christianisierung des Odenwaldes. Anfang des 12. Jh. entstand eine mächtige romanische Basilika. Diese Kirche mußte, mit Ausnahme der Türme, 1743 einem barocken Neubau weichen. Die Türme wurden in die Neuanlage einbezogen, mit einer Sandsteinfassade teilweise geschickt verblendet und mit zeitgenössischen Helmen versehen. So stellt das „Marienmünster im Odenwald" eine glückliche Verschmelzung romanischer und barocker Bauideen dar. Von der reichhaltigen Innenausstattung ist besonders das prachtvolle Chorgitter und die herrliche Barockorgel zu erwähnen.*

*Seit die Abtei nach der Säkularisation 1803 in den Besitz der Fürsten zu Leiningen übergegangen ist, dient die Klosterkirche als evangelisches Gotteshaus. Hauptsächlich in den Sommermonaten werden darin Orgelkonzerte veranstaltet, die weit über die Grenzen Frankens bekannt sind.*

*Neben der Kirche verdient die prunkvolle Bibliothek mit 30.000 Bänden sowie der „Grüne Saal" besondere Beachtung.*

*Die kath. Stadtpfarrkirche St. Gangolf wurde in den Jahren 1752/54 errichtet. Der aus der romanischen (1180) und gotischen Zeit (1500) stammende Vorgängerbau wurde 1751 abgebrochen. Von den vielen Fachwerkhäusern und Bürgerbauten ist das sogenannte Templerhaus von 1291 hervorzuheben. Es zählt zu den ältesten deutschen Fachwerkhäusern.*

*Westlich des Städtchens liegt die Kapelle Amorsbrunn an einer heilbringenden Quelle. Sie wurde gegen Ende des 15. Jh. erbaut und ist Ziel vieler Wallfahrer.*

*Auch der Besuch der etwa 10 Kilometer südlich von Amorbach liegenden Ruine* ***Wildenberg*** *ist lohnenswert. Sie zählt zu den Hauptburgen der Stauferzeit. Wolfram von Eschenbach soll hier - als Gast der Herren von Dürn - einen Teil seines Parzival-Epos verfaßt haben.*

*Wieder zurück sind es von der Marktgemeinde Kleinheubach nur wenige Minuten bis*

***Miltenberg.***

*Durch seine einmalige Lage am Main und unterhalb der Mildenburg sowie am Fuße der Odenwaldberge wird das Städtchen zu recht als „Perle des Mains" bezeichnet.*

*Viele Fachwerkhäuser und ganz besonders der Marktplatz mit dem zierlichen Marktbrunnen (auch Schnatterloch genannt) verzaubern viele Besucher. Auf die reiche Geschichte und auf alle Sehenswürdigkeiten im einzelnen einzugehen, würde zu weit führen. Ein paar kurze Anmerkungen sind sicherlich von Interesse. Die Römer unterhielten im 2.Jh. zwei Kastelle, und zwar ein Kohortenkastell in der Nähe der Mudmündung in den Main und ein Numeruskastell östlich der Stadt nahe der Erfmündung, wo der Limes den Main erreichte.*

*An der Straße Miltenberg - Mainbullau liegen im Wald die Heunesäulen (Fundplatz ist beschildert). Sie zählen zu den eindrucksvollsten Denkmälern der Umgebung Miltenbergs. Die bis zu sieben Meter langen Sandsteinsäulen waren, wie neueste Forschungen ergeben haben, für den Wiederaufbau des durch Brand im Jahre 1009 zerstörten Mainzer Doms bestimmt.*

*Die Mildenburg am Berg oberhalb des Marktplatzes stammt aus dem 12. Jahrhundert. Im Burghof steht der Toutonenstein, eine etwa 4 m hohe Sandsteinsäule mit lateinischer Inschrift, die noch nicht eindeutig geklärt werden konnte.*

*1285 wird die zur Burg gehörige Siedlung schon als Stadt bezeichnet. Sie wurde mit Mauern und Türmen umgeben, die zum Teil heute noch sichtbar sind.*

*Das Stadtbild wird von vielen Fachwerkhäusern mit reichem Schmuck bestimmt. Insbesondere wird auf das älteste Gasthaus in Deutschland „Zum Riesen" hingewiesen. Herausragende kirchliche Gebäude sind die vor dem Mainzer Tor liegende Friedhofskapelle St. Laurentius aus dem 15./16. Jh. und die kath. Stadtpfarrkirche St. Jakobus am Marktplatz (14. Jh.), beide mit interessanter Innenausstattung.*

*Wir verlassen das schmucke Städtchen durch das Würzburger Tor und kommen mainaufwärts zu dem fast mit Miltenberg zusammengebauten Markt*

## (38) Bürgstadt

Der Ort kann sich rühmen drei Gotteshäuser zu besitzen, die alte und neue kath. Pfarrkirche St. Margareta und die Martinskapelle. Die alte Pfarrkirche liegt inmitten des alten Ortskerns. Die ältesten Teile des Chorturms gehen in das 13. Jh. zurück.

Der Turm besitzt in den Untergeschossen schmale schießschartenähnliche Fenster, in den Obergeschossen Schießscharten, die den ehemaligen Wehrcharakter bezeugen. Im Jahre 1585 erhielt der Turm eine Glockenstube und ein spitzes Dach mit Gaupen. Das Langhaus hat im 15.Jh. bauliche Veränderungen erfahren. 1608 wurde das nördliche Seitenschiff angefügt und im 18.Jh. der Kirchenbau nach Westen erweitert. In diese Zeit fällt auch der Einbau der barocken Innenausstattung. Der Sebastiansaltar im nördlichen Seitenschiff wurde 1698 gefertigt, der Hochaltar und die zwei Seitenaltäre wurden um 1720 geschaffen, die Orgel stammt aus dem Jahre 1760. Das Altarblatt des Hochaltars zeigt die Himmelfahrt Mariens (1751/53), die Seitenaltäre enthalten im Mittelteil eine Marienfigur (links) und eine Kreuzigungsgruppe (rechts) Außerdem befinden sich an den Altären und im Innenraum weitere Heiligenfiguren.

Von der früheren Kirchhofbefestigung sind noch Teile der Wehrmauer und das Torhaus vorhanden.

Ganz in der Nähe der alten Pfarrkirche steht die Martinskapelle. Sie ist sicherlich das älteste Gotteshaus in Bürgstadt. Im

Kern geht die heutige Anlage auf das 12./13.Jh. zurück. Aufgrund des Martinspatroziniums ist jedoch anzunehmen, daß schon vorher, nach Besiedlung durch die Franken (8.Jh.), eine Martinskirche bestand. Der spätgotische Umbau der Kapelle erfolgte 1430. In den Jahren von 1589 - 1628 sind weitere Bauarbeiten und Veränderungen zu verzeichnen. In diese Zeit (um 1590) fällt auch die Ausmalung der Kapelle. Die Wandmalereien in Form von Medaillons, an der Süd- und Nordwand, veranschaulichen das Heilsgeschehen in Bildern. Man nennt diese Darstellung „Armenbibel", weil damit den Leseunkundigen die wichtigsten Geschehnisse aus der Bibel vor Augen geführt werden konnte. Die Art dieser Bilder ist sehr selten, wenn nicht sogar einmalig im fränkischen Raum. Auch im Chor finden sich Fresken, die aus dem Leben des hl. Martin erzählen, außerdem sind die vier Evangelisten mit ihren Attributen dargestellt. Die Altäre, Orgelempore und verschiedene Heiligenfiguren vervollständigen die Innenausstattung. Hier wird auf den in der Kapelle aufliegenden Kirchenführer hingewiesen. Das dritte Gotteshaus in der Marktgemeinde ist die neue Pfarrkirche St.Margareta in der Nähe des Friedhofs. In seiner modernen Form setzt das 1961 fertiggestellte Kirchengebäude einen weiteren Akzent in der Ortsansicht Bürgstadts.

In diesem Zusammenhang muß auch auf das an der Hauptstraße stehende Rathaus von 1492 hingewiesen werden. Die anläßlich des 400-jährigen Jubiläums herausgegebene Festschrift, enthält viele interessante Einzelheiten über das Rathausgebäude.

Aus der Geschichte ist zu vermerken, daß in der Zeit der fränkischen Landnahme in Bürgstadt ein Königshof vermutet wird. Für diese Vermutung spricht der Ortsname und das Martinspatrozinium der Kapelle. Außerdem war Bürgstadt Urpfarrei für die Umgebung. Hier war auch der Sitz eines Zentgerichts und des Zentgrafen.

Bekannt ist Bürgstadt für seine guten Weine und Häckerwirtschaften.

*Bei der Weiterfahrt mainaufwärts überschreiten wir zwischen Bürgstadt und Freudenberg die Landesgrenze zwischen Bayern und Baden-Württemberg. Von hier bis nach Bettingen bildet die Mitte des Maines die Landesgrenze. Diese willkürli-*

*che Grenzziehung, 1806 durch Napoleon befohlen, hat natürlich mit der Stammeszugehörigkeit der Bevölkerung zu Franken nichts zu tun. Wenn wir uns bis Wertheim-Dertingen auf badischem Gebiet bewegen, so hat dies seine Richtigkeit.*

*Unsere nächsten Wehrkirchen liegen im Raum Wertheim - Marktheidenfeld. Diese Strecke führt uns durch einen besonders schönen Abschnitt des Maintales. Odenwald und Spessart treten manchmal bis an den Main heran. Auf die an dieser etwa 30 Kilometer langen Fahrtstrecke links und rechts des Mains liegenden Dörfer und Städtchen, wird in einer folgenden Kurzbeschreibung hingewiesen.*

*Schon von fern grüßt uns die Burgruine* ***Freudenberg****, die über dem gleichnamigen Städtchen in's Maintal blickt. Sie wurde zwischen 1190 und 1200 erbaut. Das stattliche Fachwerkrathaus von 1499 und die alte Stadtpfarrkirche von 1691/92, umgeben von alten Fachwerkhäusern, bilden die Stadtmitte. Außerhalb des Städtchens steht die romanische Friedhofskapelle St. Laurentius mit Fresken aus dem 13.Jahrhundert. Auf dem Weg dorthin sehen wir kunstvolle Bildstöcke (sieben Fußfälle Christi genannt) aus der Zeit um 1710.*

*Nach kurzer Fahrt sehen wir auf der rechten Mainseite den Ort* ***Collenberg*** *mit dem am Westrand des Ortsteils Fechenbach stehenden Schloß aus dem Jahre 1648. Etwa 1 km mainaufwärts entfernt liegen auf einer bewaldeten Bergnase die Mauerreste der* ***Burg Kollenberg****. Seit Ende des 18. Jh. wird sie als Ruine bezeichnet.*

*Der nächste Ort,* ***Dorfprozelten****, gilt als größtes Binnenschifferdorf Deutschlands. Eine kleine Schiffswerft und ein Schiffsmast deuten darauf hin. Die neuromanische kath. Pfarrkirche St.Vitus wurde in den Jahren 1900/01 erbaut. Die Gebrüder Schiestl von Würzburg haben mit verschiedenen Kunstwerken zur Ausstattung der Kirche beigetragen.*

*Ebenfalls am rechten Mainufer schmiegt sich* ***Stadtprozelten*** *an einen Höhenrücken, der von der mächtigen Ruine der Henneburg bekrönt ist. Der Baubeginn war im 12. Jh., die Zerstörung soll im Jahre 1688 erfolgt sein. Die kath. Stadtpfarrkirche St. Barbara und Georg geht in das 14. Jh. zurück. Das Städtchen mit vielen Fachwerkhäusern besitzt ein interessantes Rathaus von 1520.*

*Der linksmainische und badische Ort* **Mondfeld**, *den wir durchfahren, ist heute noch mit einer der wenigen Mainfähren mit Stadtprozelten verbunden.*

*Wieder rechts des Mains liegt* **Faulbach**. *Der 40 m hohe Kirchturm des 1960/61 errichteten Gotteshauses grüßt weit ins Maintal. Der gleichnamige Bach bildete früher die Grenze zwischen Kurmainz und dem Fürstbistum Würzburg. Faulbach besitzt ein eigenartiges Rathaus, ein Fachwerkbau von 1594, der quer über die Straße gebaut und deshalb mit einer Durchfahrt versehen ist.*

*Der nächste Ort (linksmainisch) ist* **Grünenwörth**, *das durch viele Neubauten nach dem 2. Weltkrieg mit der Stadt Wertheim zusammengewachsen und eingemeindet worden ist.*

*Gegenüber den vielen Neubauten von Wertheim-Glashütte mündet der Haslochbach in den Main. An der Mündung liegt der gleichnamige Ort* **Hasloch** *und etwas oberhalb des Bachlaufs, der älteste und noch in Betrieb befindliche Eisenhammer des Spessarts aus dem Jahre 1779.*

Hier endet der erste Streckenteil, der in Lohr am Main begann.

Nun zu der ab Lohr mainabwärts führenden zweiten Fahrtroute. An dieser Strecke entlang des Flusses liegen nur wenige Wehrkirchen, dafür typische Mainstädtchen und -dörfer.

Etwa 10 km südlich von Lohr liegt

***Neustadt am Main.***

*Der Ort ist eine der ältesten Klostergründungen Frankens. Durch den zweiten Würzburger Bischof Megingoz wurde hier um 768/69 ein Benediktinerkloster gegründet. Als erste Unterkunft diente den Mönchen das in der gleichen Zeit schon bestehende „Jagdschloß“ oder „Jagdhaus“ Karls des Großen mit dem Namen „Rohrinlach“. Heute steht dort die Michaelskirche auf dem Friedhof. Ausgrabungen lassen auf Bauten des 8. Jh. schließen. Auch die vorhandene frühmittelalterliche Ringwallanlage kann als Hinweis auf den karolingischen Ort gedeutet werden.*

*Etwa zwanzig Jahre später (788/89) wurde im Tal mit der Errichtung einer Kirche begonnen, die den Aposteln Petrus und Paulus geweiht war. Der größte Teil der Kirche wurde im frühen 19. Jh. abgebrochen, erhalten blieb nur die karolingische Vierung. Bei Ausgrabungen konnten die Grundmauern dieser früheren Klosterkirche freigelegt werden. Bei dieser Kirche handelt es sich um ein Bauzeugnis aus frühkarolingischer Zeit. Bauten aus dieser Zeit sind in Deutschland nur noch sehr selten vorhanden. Die heutige Pfarrkirche (das Kloster wurde 1803 aufgehoben) St. Michael und St. Gertrud wurde um die Mitte des 12. Jh. errichtet. 1857 wurde die Kirche größtenteils durch Brand zerstört. Die noch vorhandenen Mauern der Türme und des Langhauses wurden beim Wiederaufbau mit einbezogen. Von der Innenausstattung seien die romanischen Steinplasiken an der rechten Wand des Seitenschiffes erwähnt, die Karl den Großen, die Gottesmutter Maria und St. Martin darstellen.*

*Weiter mainabwärts erwartet uns ein weiteres Kleinod:*

***Rothenfels.***

*Es ist die kleinste Stadt Bayerns. Hoch über dem Städtchen steht die gleichnamige mächtige Burg, deren Anfänge in das Jahr 1148 zurückgehen. Der Ort ist reich an schönen Fachwerkbauten, hübsche Wirtshausausleger und Hausmadonnen schmücken die Gassen. Die kath. Pfarrkirche „Mariae Himmelfahrt“, errichtet 1610/11, ist typisch für die Julius-Echter-Zeit.*

*Der nächste Ort ist* ***Hafenlohr.***

*Zur Unterscheidung zum anderen Lohr wurde es früher „Niederlohr“ genannt. Zum Ende des 15. Jh. tritt der Name „Häfnerlohr“ auf, daraus wurde dann Hafenlohr. Der Ort war früher ein wahres Häfnerdorf, das mit seinen Töpferwaren weite Teile Frankens belieferte. Heute bestehen noch zwei Töpfereien, die die alte Tradition fortsetzen. Der mit bemalten Tellern verzierte Hausgiebel eines 400 Jahre alten Töpferhauses ist ein besonderes Schmuckstück. In diesem Haus wird schon in der 14. Generation das Töpferhandwerk betrieben.*

*Das Hafenlohrtal ist eines der landschaftlich schönsten Täler des Spessarts. Wegen des beabsichtigten Baues eines Trinkwasserspeichers ist der ursprüngliche Bestand dieses Tales stark gefährdet.*

*Nach wenigen Fahrtminuten kommen wir auf die B 8, überfahren den Main und kommen nach*

***Marktheidenfeld.***

*Schon 855 gehörte der Ort „Hattenfelt" zu den Besitzungen des fuldaischen Benediktinerklosters Holzkirchen. Aus dem einstigen Fischerdorf hat sich im Laufe der Jahrhunderte ein ansehnlicher Ort entwickelt, der 1949 zur Stadt erhoben wurde. Der alte Marktplatz mit vielen Fachwerkhäusern und engen Gassen, sowie die kath. Pfarrkirche St. Laurentius bilden den Mittelpunkt des Städtchens.*

*Etwa 3 Kilometer nordöstlich liegt der Markt*

## (39) Karbach

Die kath. Pfarrkirche St. Vitus und Markus liegt hoch über dem Ort. Jeder Besucher des Dorfes ist überrascht von der schönen Lage des Gotteshauses. Der Turm besitzt noch ein romanisches Untergeschoß, die anderen Aufbauten stammen aus

dem 15. bzw. 18. Jahrhundert. Langhaus und Chor wurden 1612/14 in gotisierenden Formen der Julius-Echter-Zeit errichtet. Die Innenausstattung wurde anläßlich der letzten Renovierung 1973/74 stilvoll erneuert. An Kunstwerken sind besonders hervorzuheben die Chorfenster links mit den Kirchen- und Ortspatronen Vitus und Markus, rechts die hll. Elisabeth und Notburga. Im Chor verdient die gotische Holzfigur des hl. Wolfgang vom Ende des 15. Jh. eine besondere Beachtung (sie könnte aus der Werkstatt Riemenschneiders stammen). Gegenüber hängt ebenfalls eine Figur, nämlich die des hl. Markus aus der Barockzeit. Anstelle eines früheren Seitenaltars steht eine Muttergottsstatue aus der Zeit um 1400. In der nördlichen Seitenwand des Langhauses hängt ein großes Kreuz aus gotischer Zeit, rechts davon die Steinfigur der Maria Magdalena. Zehn Stationsbilder aus der Barockzeit bereichern den Kirchenraum. Ein in der südwestlichen Ecke der Kirchbergmauer eingefügter Kreuzstein - wohl aus dem 10. Jh. - zählt zu den ältesten Zeugnissen des Christentums in Deutschland.

Karbach wird in einer Urkunde aus der Zeit des 779 verstorbenen Abtes Sturmius vom Kloster Fulda erstmals genannt. Den Ortsnamen erhielt das Dorf von dem durch die Gemarkung fließenden gleichnamigen Bach. In den letzten Jahren wurden viele Fachwerkhäuser renoviert und auch Fachwerk freigelegt. Sie sind eine Zierde des Marktortes, der seinen bäuerlichen Charakter bewahrt hat.

Zurück nach Marktheidenfeld geht es linksmainisch weiter nach

***Lengfurt.***

*Der Markt Lengfurt lag früher an einer der ältesten Handelsstraßen Bayerns, die hier an der „Langen Furt", wohl schon zu karolingischer Zeit den Main überquerte. Der Ort ist als Schiffer- und Fischersiedlung entstanden und ist auch heute noch der Schiffahrt verbunden. Auf einer Tafel am Gasthaus zum „Weißen Roß" ist zu lesen: „Hier im Roß übernachtete Napoleon auf dem Marsch nach Rußland am 13. Mai 1812". Ein Gemälde an einem Nachbarhaus zeigt den Übergang der „Großen Armee" über den Main. Ironie der Geschichte: Bei einem Manöver im Herbst 1981 setzten französische Panzereinheiten auch hier über den Main mit dem Unterschied, daß die Panzer unter Wasser fuhren.*

*Gleich in der Nähe des Gasthofs steht die Dreifaltigkeitssäule von 1728. Ein Kunstwerk, das in Franken nicht mehr anzutreffen ist. Die kath Pfarrkirche St. Jakobus d. Ältere wurde 1700/07 unter Verwendung von Bauteilen aus der Echterzeit erbaut.*

*Hinweis:*

*Nur wenige Kilometer mainabwärts, vorbei an dem Zementwerk Wetterau, liegt der 1200 Jahre alte Weinort* ***Homburg am Main****. Auf dem Weg dorthin begleiten uns die Weinberge mit der berühmten Lage „Homburger Kallmuth". Von der romanischen Burg steht noch der runde Bergfried. Das auf einem Felskegel stehende Schloß, ein schöner Fachwerkbau, wurde 1561 errichtet. Die kath. Pfarrkirche St. Burkard von 1833 ist neuromanisch.*

*Homburg spielt in der Geschichte des Bistums Würzburg in seinen Anfängen eine besondere Rolle. Nach örtlicher Überlieferung soll Bischof Burkard am 2.2.754 in einer Tropfsteinhöhle unterhalb des heutigen Schlosses gestorben sein. Die Höhle wird heute noch Burkardusgrotte genannt.*

*Wir fahren zurück nach Lengfurt und überqueren den Main. Auf der rechten Mainseite grüßt mit seinen leuchtenden Farben das ehemalige Augustiner-Chorherrenstift*

***Triefenstein.***

*Das Kloster wurde 1102 gegründet und 1803 aufgehoben. Der heutige Kirchenbau, teilweise auf älteren Grundmauern, wurde 1687/94 errichtet. Die Innenausstattung gehört zum Besten was der Klassizismus in Franken geschaffen hat. Die ganze Klosteranlage gehörte nach der Säkularisation der evang. Linie der Fürsten zu Löwenstein-Wertheim-Freudenberg und diente zeitweise als Residenz. 1985 wurden die ganzen Gebäude an die evangelische Christusträger-Bruderschaft in Bensheim verkauft.*

Über Rettersheim gelangen wir zu dem Markt

## ⑩ Kreuzwertheim.

Der Ort liegt auf der bayerischen Seite des Mains gegenüber dem badischen Städtchen Wertheim am Main. Die evang.-luth. Pfarrkirche „Zum heiligen Kreuz" ist ein einfacher im Kern romanischer Saalbau, der Rechteckchor wurde 1443 errichtet, der Turm mit Schießscharten gehört in den Untergeschossen der Frühgotik an, die Oberteile sind aus der Zeit um 1600 und 1753. Das romanische Portal an der Südseite enthält im Bogenfeld ein Kreuz, die Türbeschläge gehen in das 13.Jh. zurück.

Die alte Innenausstattung, ein Hochaltar sowie zwei Seitenaltäre (Marien- und Katharinenaltar) gingen während der Reformation und im 30-jährigen Krieg restlos verloren. Der heutige Altar, eine beeindruckende Kreuzigungsgruppe von 1470 soll vom ehemaligen Kloster Triefenstein stammen. In der Predella wird Christus mit den zwölf Aposteln gezeigt.

Von der ehemaligen Kirchhofbefestigung sind noch Mauerreste und ein romanisches Tor erhalten. Südlich des Kirchhofs steht das Marktkreuz, das an die Marktverleihung durch Kaiser Heinrich II. im Jahre 1009 erinnert. Von der ehemaligen Ortsbefestigung sind noch zwei Rundtürme erhalten. Das Schloß der Fürsten Löwenstein-Wertheim-Freudenberg wurde 1736 erbaut und im späten 19. Jh. im Stil der Neurenaissance verändert. Neben dem in jüngster Zeit renovierten Schloßgebäude bereichern schöne Fachwerkbauten das Ortsbild.

Schlüssel zur Kirche: Evang.-luth. Pfarramt, Hauptstraße 35, Tel. 09342/6585

In Kreuzwertheim fahren wir über die Mainbrücke und kommen nach

***Wertheim.***

*Das Städtchen liegt am linken Mainufer und an der Tauber, die hier in den Main mündet. Wir befinden uns hier im badischen Frankenland. Das Städtchen trägt trotz der engen Gassen und mittelalterlicher Romantik die heitere Beschwingtheit Frankens in sich. Weinhandel, Fischer und Schiffer waren jahrhundertelang die Lebensgrundlagen der Stadt. Nach dem 2. Weltkrieg hat sich in Wertheim-Glashütte ein bedeutendes Industriezentrum entwickelt.*

*Um die Mitte des 12. Jh. treten erstmals die Grafen von Wertheim auf, die zur gleichen Zeit oberhalb der Stadt mit dem Bau einer Höhenburg begannen. Die Burg wurde im Laufe der Jahrhunderte verändert, vergrößert und im 16.Jh. zu einem Wohnschloß umgebaut. Im 30-jährigen Krieg wurde das Schloß größtenteils zerstört und nicht wieder aufgebaut. Heute zählt die Ruine zu den schönsten und großartigsten in Deutschland. Die im Schutze der Burg entstandene Handwerker- und Kaufmannssiedlung wird im Jahre 1244 bereits als „Civitas" genannt. Von der Wohlhabenheit zeugen heute viele alte Wohn-*

*bauten, insbesondere die reizvollen Fachwerkhäuser am Marktplatz und in den engen kleinen Gassen. Neben vielen anderen interessanten Gebäuden nimmt die gotische evang.-luth. Stadtpfarrkirche von 1383 eine Sonderstellung ein. Sie war Grablege der Grafen von Wertheim. Viele Epitaphien erinnern an die Verstorbenen dieses Geschlechts. Am berühmtesten ist das 1614/18 für Graf Ludwig II. und seiner Frau geschaffene Grabdenkmal, im Volksmund „Bettlade" genannt. Gleich nebenan steht eine der schönsten gotischen Doppelkapellen (ab 1462), die dem Frankenapostel Kilian geweiht war. Heute ist hier das Heimatmuseum untergebracht. Ebenfalls nahe der Stiftskirche befindet sich das Glasmuseum, dessen Besichtigung für Freunde der Glaskunst besonders empfohlen werden kann. Von der früheren Stadtbefestigung (ursprünglich achtzehn Türme und Tore) wird insbesondere auf den „Spitzen Turm" am Main und Tauber hingewiesen, der bereits um 1200 als Wach- und Aussichtsturm errichtet wurde. Nach diesem Aufenthalt in Wertheim wird jeder Besucher von dem alten Spruch überzeugt sein, der da lautet: „Es is uf der ganze Erde, nergends schönner als in Werthe".*

*Hinweis:*
*In dem tauberaufwärts liegenden Stadtteil Waldenhausen befindet sich ebenfalls eine Chorturmkirche, die in den ältesten Teilen romanischen Ursprungs ist. Der untersetzte, massige Turm (wie in Eichel und Urphar) betont den Wehrcharakter.*

Mainaufwärts an der Straße nach Würzburg liegt der Ort

## ㊶ Eichel

Von Bäumen versteckt liegt am Rande des Dorfes inmitten des ummauerten Friedhofs die evang.-luth.Filialkirche St. Vitus. Sie zählt zu den ältesten Gotteshäusern im Main-Tauber-Kreis. Die Entstehung wird laut örtlicher Überlieferung in das 9./10. Jh. datiert. An die frühere Wallfahrt „Maria zur Eiche" erinnert heute noch die „Prozessionsgasse". Der Turm, der neben dem Langhaus steht, hatte früher Zinnen, die jetzt mit Jalousien gefüllt sind. Im Erdgeschoß befand sich früher eine Kapelle, heute wird dieser Raum als Sakristei benützt. Es war

also ein echter Wehr- und zugleich Kirchturm. Das romanische Langhaus wurde im 14.Jh. umgebaut. Gotische Fenster und ein gotisches Portal wurden eingesetzt. Das ursprüngliche romanische Portal wurde auf der Nordseite wieder eingemauert. In dem Tympanon, das mit einem normannischen Zickzackmuster umrahmt ist, sehen wir einen Widder mit Kreuz, dem sich zähnefletschend ein Wolf entgegenstellt. Eine sinnbildhafte Darstellung des Kampfes zwischen Christus und dem Teufel. Im Chor steht ein spätgotischer Altar (um 1490). Der Mittelschrein zeigt den gekreuzigten Heiland und die beiden Schächer. Auf den Altarflügeln finden wir Stationen aus der Passion Christi. Der Altar wird bekrönt mit dem unter einem Baldachin im Ölkessel sitzenden St. Veit. Bemerkenswert sind der aus dem 14. Jh. stammende achteckige Taufstein mit gotischen Dreipaßverzierungen und das Sakramentshäuschen von 1450.

Schlüssel zur Kirche: Mesnerin Frau Irene Diehm, Eichel, Tel. 09342/37870

Von Eichel umfahren wir die Mainschleife mit dem schmalen Höhenrücken, der den Namen „Himmelreich" trägt. Bald erreichen wir

## ㊷ Urphar

Die evang.-luth. Pfarrkirche St. Jakob liegt hoch über dem Dorf inmitten des ummauerten Friedhofs. Sie steht an einer strategisch wichtigen Stelle, an der man den Furtübergang und den Schiffsverkehr auf dem Main überwachen konnte. Ältester Teil ist der Turm, an den im 10. Jh. die frühromanische Apsis angefügt wurde. Um 1297 erfolgte der Anbau des Langhauses, wobei die romanischen Fenster in Apsis und Turmchor größeren, gotischen Fenstern weichen mußten. 200 Jahre später (1497) wurde die Sakristeikapelle errichtet. Das romanische Kirchenportal hat eine eisenbeschlagene Tür aus Eichenholz, die nach den durchgeführten Untersuchungen so alt ist wie der Turm. Den eintretenden Besucher überrascht zunächst das schwere Eichengestühl, das seit der Erbauung des Langhauses unverändert geblieben ist. Gleiches gilt für das Gestühl auf der Orgelempore. Die Seitenemporen, die Kanzel und der Taufstein, sowie das Chorgestühl kamen im 16./17. Jh. hinzu. Besonders beeindruckend sind die großartigen Fresken, die erst 1909 (Südwand) bzw. 1951/53 (Chor- und Nordwand) freigelegt wurden. Nord- und Südwand des Turmchors sind mit den Weihekreuzen geschmückt. Über dem Altar erhebt sich das Bild des Christus Pantokrator mit zwei Schwertern im Munde. Die Mandorla ist von den Symbolen der vier Evangelisten umgeben. Die Fresken und Wandmalereien sind teilweise im späten 13. und frühen 14. Jh. entstanden. Auf dem Altar steht ein Kruzifix. Man nennt ihn im Volksmund den „Lächelnden Chri-

stus", aus der Zeit der Erbauung des Langhauses stammend. In der spätgotischen Sakristeikapelle über dem Altar hängen zwei Wandbilder. Dargestellt sind links der hl. Bischof Burkard mit einem Ertrunkenen und rechts der Apostel Johannes. Die Predella (Christus mit den 12 Aposteln) ist heute an der linken Seitenwand der Sakristei angebracht.

Die Befestigungsmauer ist nur noch teilweise erhalten. Auch von dem früheren Torhaus ist nur noch das Portal übriggeblieben.

Der Ort Urphar früher „Urafare" (uralter Name für eine Furt über den Main), soll bereits in einer Urkunde aus dem Jahre 775 im Zusammenhang mit der Gründung des Klosters Holzkirchen genannt worden sein. Die Jakobskirche Urphar lag im Mittelalter an einem Pilgerweg und war Sammelpunkt für die fränkischen Pilger nach Santiago de Compostella.

Schlüssel zur Kirche und Führung: Herr Teslinski, Wehrkirchenstraße 16, Tel. 09342/4817

Nach Urphar verlassen wir das Maintal, fahren Richtung Würzburg und kommen in den letzten badischen Ort

## (43) Dertingen

Die evang.-luth. Pfarrkirche liegt burgartig über dem Dorf und ist von einem festen Bering umgürtet. Das Gotteshaus aus

romanischer Zeit (frühes 13. Jh.) hat später einige Umbauten erfahren. So soll der quadratische Chorturm - ähnlich wie in Eichel - zinnenbesetzt gewesen sein. Im 17. Jh. erhielt er das reiche Fachwerkobergeschoß. Mittelpunkt des Kircheninnern ist der spätgotische Schrein- und Flügelaltar (um 1500). Über dem Altar im Chorgewölbe sehen wir das Bild - ähnlich wie in Urphar - Christus in der Mandorla. Er ist von den vier Evangelistensymbolen umgeben.

Der Choraltar baut sich auf einen gemauerten Unterbau auf. Die Predella enthält in Hochrelief geschnitzt in der Mitte Christus mit der Weltkugel, umgeben von den zwölf Aposteln, sowie dem ersten Würzburger Bischof Burkard und dem hl. Bonifatius. Im Schrein steht als Mittelpunkt die Muttergottes mit dem Jesukind, links die hl. Katharina mit Schwert und zerbrochenem Rad sowie rechts die hl. Barbara mit Kelch und Hostie. Auf den beiden Flügeln sehen wir reliefartig links oben die hll. Laurentius und Wendelin, links unten die hl. Elisabeth und den hl. Leonhard, rechts oben die hll. Kilian und Sebastian, rechts unten die hll. Anna Selbdritt und Dorothea. Im geschlossenen Zustand sind acht Tafelbilder zu sehen und zwar in der ersten Reihe von links nach rechts: der Kirchenlehrer Papst Gregor d. Große mit dem Löwen des Evangelisten Markus, die Anbetung der Heiligen Drei Könige, Mariens Tod und den Kirchenlehrer Hieronymus mit dem Engel, Symbol des Evangelisten Matthäus. In der zweiten Reihe: der Kirchenlehrer Ambrosius mit dem Stier des Evangelisten Lukas, die hl. Margarete, das Kaiserpaar Heinrich und Kunigunde, die hl. Maria Magdalena, Ottilie und Apollonia, der Kirchenlehrer Augustinus mit dem Adler des Evangelisten Johannes.

Der Predellenschrein kann durch zwei Schiebetüren verschlossen werden. Auf diesen zwei Holztafeln ist der ergreifende Apostelabschied dargestellt. Die Rückseite des Altars ist mit dem „Jüngsten Gericht" und dem „Veronikabild" bemalt.

Die umlaufende Doppelempore mit Schnitzereien an den Stützen und einfacher Bemalung in den Brüstungsfeldern stammt von 1575, die Kanzel von 1596. In die nördliche Chorwand ist ein Sakramentshäuschen eingelassen.

Die Befestigungsmauer (mit Jahreszahlen 1550 und 1595) ist noch größtenteils erhalten, allerdings nicht mehr in der ursprünglichen Höhe. Zeugen des früheren Wehrgangs sind die Tragsteine an der Mauer. Turmreste und das gut erhaltene zweistöckige Torhaus zeigen auf die Wehrhaftigkeit der ganzen Anlage hin. Aus der Chronik geht hervor, daß im Jahre 1607 der befestigte Friedhof von dem Grafen Joachim Dietrich von Löwenstein gegen den Würzburger Bischof erfolgreich verteidigt wurde.

Dertingen wird erstmals 760 erwähnt und zählt somit zu den ältesten Dörfern der Umgebung. Darüber hinaus ist Dertingen als Weinort und besonders durch die schmucken Fachwerkhäuser bekannt.

Schlüssel zur Kirche: Mesner Herr Karl Lenz, Obere Straße 4, Tel. 09397/620

Nach Dertingen verlassen wir das Land Baden-Württemberg und gelangen über Wüstenzell nach

***Holzkirchen.***

*Hier erwartet uns keine Wehrkirche, sondern die Klosteranlagen des ehemaligen Benediktinerklosters. Die Gründung des Klosters „Holtzchiricha" im 8. Jh. wird durch eine Urkunde aus dem Jahre 775 bestätigt. Laut dieser Urkunde gab der Gaugraf des Waldsassengaues Troandus, das von ihm erbaute Kloster Karl dem Großen, der es dem vom hl. Bonifatius gegründeten Kloster zu Fulda schenkte. Die enge Verbindung zwischen Holzkirchen und der Reichsabtei Fulda blieb über 1000 Jahre bis zur Säkularisation 1803 bestehen. Während dieser Zeit gab es Höhen und Tiefen. Die Glanzzeit des Klosters mit 51 Mönchen und 18 Scholastiker war zu Beginn des 12. Jahrhunderts. Diese Hochblüte endete am 1.10.1273. An diesem Tag überfiel eine Schar Bewaffneter das Kloster. Große Teile der Klosteranlagen wurden niedergebrannt. Nach erfolgtem Neuaufbau wurde die Propstei Holzkirchen im Bauernkrieg 1525 wiederum schwer beschädigt. Infolge der Reformation wurde das Kloster 1552 aufgehoben. Die Mönche verließen das Kloster und kehrten nach Fulda zurück. Nach der Rückgabe 1561 blieb das Klosterleben erloschen, nur der Propst kehrte zurück. 1630 sollte das Kloster mit einem Konvent wieder errichtet werden. Der Schwedeneinfall 1631 machte dem Vorhaben ein Ende. 1632 ging der Klosterbesitz an den Grafen von Wertheim über, im Jahre 1634 mußte er ihn wieder zurückgeben. In der Folgezeit versuchten die Pröpste das Kloster wiederzubeleben. Erst unter Ferdinand von Zobel aus Giebelstadt wurde 1759 nach 200-jähriger Unterbrechung ein Klosterkonvent errichtet. Es war ein kurzes Aufleben, die Säkularisation 1803 machte dem Klosterleben ein Ende.*

*Heute sind von der früheren Klosteranlage drei nach Westen geöffnete Flügel erhalten. Die Gesamtanlage wird von einer Mauer umschlossen. Im Erdgeschoß des Südflügels befinden sich Teile des romanischen Kreuzgangs mit interessantem Kapitellenschmuck aus dem 12. Jahrhundert. Der Ostflügel, Konventbau genannt, ist ein zweigeschossiger Bau aus der Barockzeit, mit Volutengiebel zur Nordseite von 1679/81. Auf der Westseite zum Hof hin steht ein zweigeschossiger Turm mit*

*Wendeltreppe, der 1725 „zur größeren Bequemlichkeit und Sicherheit“ erbaut worden ist. Am Nordflügel, Prälatenbau genannt, steht an der Nordostecke ein vom Boden aufsteigender Erker. Der zweigeschossige Hauptbau hat ein massives Erdgeschoß, das Obergeschoß samt Giebel besitzt ein reichhaltiges Fachwerk (16.Jh.). An den Prälatenbau schließt sich die Sakristei an, die gleichzeitig mit der Klosterkirche verbunden ist.*

*Die ehemalige Klosterkirche ist ein Zentralbau (Rundkirche) mit Kuppel. Der Grundriß zeigt ein fast regelmäßiges Achteck. Sie wurde in den Jahren 1728/30 nach Plänen von Balthasar Neumann unter dem Propst Bonifatius von Hutten errichtet. Es ist der einzige Kirchenbau Neumanns, der den Zentralgedanken in reinster Form zum Ausdruck bringt. Die Innenwände des Gotteshauses zeigen einen kunstvollen und feinen Stukkaturenschmuck. Bemerkenswert ist außerdem der sog. „Holzkirchener Reiter“, ein Relief aus Rotsandstein, der aus der alten romanischen Kirche stammt. Eigentlich sind es zwei Reliefs, oben Christus, der auf einer Eselin sitzt und segnet, unten ein bärtiger Mann mit dem sagenhaften Einhorn. Dieses Bildnis gab zu der Sage Anlaß, wonach der Sohn des Klosterstifters Troandus von einem Einhorn getötet worden sei.*

Beeindruckt von dieser frühen christlichen Stätte, setzen wir unsere Fahrt fort und kommen in den an der B 8 liegenden Ort

## (44) Uettingen

Die evang.-luth. Pfarrkirche St. Bartholomäus liegt inmitten des Dorfes. Sie ist heute noch teilweise von einer hohen Kirchhofmauer umgeben. Der Chorturm ist im Untergeschoß spätromanisch, die oberen Geschosse sind von 1749. Das Langhaus von 1754 hat im Westen einen Volutengiebel. Der Altar mit Abendmahl wurde im Stil der Erbauungszeit erneuert. Die Emporenmalerei enthält Bilder des Alten und Neuen Testaments vom Ende des 18. Jahrhunderts. Der Orgelprospekt zeigt schönes Rokokomuschelwerk. In der Kirche befindet sich außerdem ein eindrucksvolles Gemälde auf Holz mit figurenreicher Kreuzigung (1621).

Uettingen wird 772 als „Uottinga“ in einer fuldaischen Urkunde erwähnt. Im 14. Jh. untersteht das Dorf den Grafen von

Wertheim, die es befestigten. Die Kirchhofbefestigung dürfte daher noch aus früherer Zeit stammen.

In das Licht der deutschen Geschichte rückte Uettingen am 25./26.7.1866, als hier im Bruderkrieg die Heere Bayerns und Preußens aufeinandertrafen. Am Morgen des 26.7.1866 traten die Preußen den Sturm auf die bayerischen Stellungen in den Gemarkungen von Uettingen und Roßbrunn an. Der Kampf endete für beide Seiten verlustreich und mit dem Sieg der Preußen. Es war das letzte große Gefecht. Am 28.7.1866 wurde der Waffenstillstand zwischen Bayern und Preußen geschlossen. Im Gemeindefriedhof von Uettingen fanden unter den Ehrenmalen der verschiedenen Truppenteile die gefallenen Soldaten ihre letzte Ruhestätte.

Schlüssel zur Kirche: Evang.-luth. Pfarramt, Obertorstraße 1, Tel. 09369/391

Wir fahren auf der B 8 über Roßbrunn, Mädelhofen und Höchberg weiter nach

***Würzburg.***

*Hier stoßen wir auf die B 13. Es ist eine Selbstverständlichkeit in Würzburg einen längeren Aufenthalt einzulegen. Alle Kirchen mit den vielen Kunstwerken und andere interessante Gebäude einzeln aufzuführen würde ein eigenes Büchlein füllen. Die besonders herausragenden Sehenswürdigkeiten sollen jedoch genannt werden: der Dom, viertgrößter romanischer Kirchenbau in Deutschland mit der Schönbornkapelle, die Neumünsterkirche, gleich nebenan das Lusamgärtchen mit romanischem Kreuzgang und der Grabstätte Walthers von der Vogelweide, die Marienkapelle von 1377-1481, die Kirche Stift Haug, der erste große Barockbau in Franken (1670/71), die Augustinerkirche mit gotischem Chor (um 1275) und dem Langhaus nach Plänen von Balthasar Neumann (1741), St. Stephan, Saalkirche von 1789 mit frühklassizistischer Innenausstattung und einer Krypta aus dem 11.Jh., das Rathaus mit romanischem Turm, die alte Universität, erbaut 1582 von Fürstbischof Julius Echter, sowie das Juliusspital von 1576, das Bürgerspital, gestiftet 1319, das Haus zum Falken mit reicher Stuckdekoration von 1752, die Residenz von 1719/46 nach Plänen von Balthasar Neumann erbaut und der Hofgarten mit vielen Gartenplastiken und prachtvollen schmiedeeisernen Toren. Von der linken Mainseite grüßt das Käppele, eine Wallfahrtskirche, erbaut von B. Neumann ab 1748, am linken Mainufer steht ferner St. Burkard, eine romanische Basilika (1042 erstmals geweiht) mit einer sehenswerten Innenausstattung. Darüber thront die Festung Marienberg, die von 1253 bis 1719 als Bischofssitz diente. Innerhalb der Burganlage befindet sich die Marienkirche, die bereits 706 geweiht wurde.*

*Heute ist in den Burganlagen u.a. das sehenswerte „Mainfränkische Museum“ mit zahlreichen Kunstwerken verschiedener Kulturepochen untergebracht.*

*Über die Stadt Würzburg gibt es mehrere Stadtführer, auf die aufmerksam gemacht wird.*

Von Würzburg geht es auf der B 13 weiter nach

## ㊺ Randersacker

Der Turm der kath.Pfarrkirche St.Stephan überragt die Dächer der Marktgemeinde. Die unteren Bauteile des Kirchturms reichen in das 12.Jh. und die oberen Geschosse in die Mitte des 13. Jh. zurück. Mit den schönen Rundbogenfriesen und Schallarkaden zählt er zu den schönsten Kirchtürmen des Frankenlandes. Das spätromanische Langhaus wurde 1605 seitlich durchbrochen und dreischiffig in nachgotischen For-

men umgebaut. Der Chor wurde bereits im 16. Jh. verändert. Altäre und Kanzel entstanden um 1700, die Altarblätter 1683 und 1704. Bemerkenswert ist eine spätgotische Büste des Winzerpatrons St.Urban (um 1500) und Rittergrabsteine aus dem Geschlecht der Herren von Seinsheim (14.Jh.).

Die Kirchhofbefestigung wurde um 1609 geschaffen. Von ihr sind noch Mauerreste, Gaden und das Torhaus vorhanden.

Obwohl der Ort in die fränkische Siedlungszeit zurückreicht, erfolgte die erste urkundliche Erwähnung von „Randeresachere" erst im Jahre 1118. Das Marktrecht wurde 1451 verliehen. Randersacker zählt mit seinen Rebflächen zu den bedeutendsten Weinbaugemeinden Unterfrankens. Die Weine haben einen guten Ruf und sind sehr begehrt. Der Ort besitzt malerische Gassen und Winkel. Die vielen Hausmadonnen und Bildstöcke in den Weinbergen zeugen vom Gottvertrauen und Kunstsinn der Einwohner. Erwähnenswert ist außerdem das in der Ortsmitte stehende Gartenhäuschen von Balthasar Neumann.

Auf der B 13 mainaufwärts fahrend kommen wir nach

## ㊻ Eibelstadt

Die kath. Pfarrkirche St. Nikolaus steht inmitten des Städtchens. Der Vorgängerbau war eine romanische Kirche. Die Turmuntergeschosse gehen in das 13. Jh. zurück. Das Gotteshaus war früher befestigt. Teile der Wehrmauer und ein Torhaus sind noch vorhanden. Die Kirchhofbefestigung hat sich wegen der Stadtummauerung im 15./16.Jh. erübrigt. Der heutige Kirchenbau wurde zwischen 1480 und 1525 errichtet. Die Kirche besitzt eine wertvolle Innenausstattung. Bemerkenswert ist die spätgotische Figur des Kirchenpatrons St. Nikolaus am Hochaltar, die Muttergottes auf der Mondsichel (um 1470/80) und das Kruzifix in der Mitte des Chorbogens. Links und rechts stehen Maria und Johannes. Die Gruppe ist zwischen 1505 und 1510 entstanden und wird der Riemenschneiderwerkstatt zugeschrieben. Sie zählt zu den wertvollsten Kunstwerken des Gotteshauses.

Weitere Einzelheiten können dem in der Kirche aufliegenden Kirchenführer entnommen werden.

Die Geschichte Eibelstadts beginnt mit dem Jahr 787, seinerzeit als „Cisolvestat“. In cincr weiteren Urkunde von 1096 wird der Ort „Hisolvestath“ genannt. Das Domkapitel von Würzburg war von einigen Unterbrechungen abgesehen, von 1266 bis 1802 Grundherr der Gemeinde, die durch Kaiser Sigismund im Jahre 1434 zur Stadt erhoben wurde. Das Rathaus von 1706 mit der Mariensäule von 1660, umgeben von schönen Fachwerkhäusern, bilden einen großartigen Stadtmittelpunkt.

Viele Bildstöcke in der Gemarkung, Madonnen und Heilige an den Häusern, sind Zeugnisse wahrer Volksfrömmigkeit.

Auf der Weiterfahrt auf der B 13 mainaufwärts überqueren wir den Main und kommen nach

## (47) Winterhausen

Die evang.-luth. Pfarrkirche St. Nikolaus steht erhöht über dem Ort inmitten des befestigten Friedhofs. Die seit dem 13. Jh. bestehende St. Nikolauskapelle wurde 1463 zur Pfarrkirche er-

hoben. Drei Geschosse des Kirchturms sind noch romanisch, 1573 erfolgte eine Erhöhung. Das Langhaus von 1497 wurde in späterer Zeit mehrfach verändert. Eine der interessantesten Anlagen ist ein Schacht unter der Sakristei. Ein Vorraum wird von zwei Seitennischen flankiert. Durch eine in der Mauer befindliche Öffnung (0,60 x 0,60 m) gelangt man in eine 0,75 x 0,80 m breite und 0,80 m hohe Kammer, die nach verschiedenen Seiten und im Boden weitere kleinere Kammern enthält. Die wahrscheinlich in spätgotischer Zeit entstandene Anlage diente vermutlich in gefährlichen Zeiten zur Aufbewahrung von kirchlichen Geräten. Der barocke Hochaltar mit kunstvollen spätgotischen Schnitzwerken hat im Hauptfeld eine Kreuzigungsgruppe und in der Predella das Abendmahl. Diese beiden Gruppen werden der Werkstatt Riemenschneiders zugeschrieben. Die Emporenbemalung stammt aus dem 18. Jahrhundert. Bemerkenswert ist außerdem ein noch vorhandener Beichtstuhl.

Die aus mittelalterlicher Zeit stammende starke Friedhofsbefestigung mit Schießscharten ist noch teilweise erhalten, vorkragende Steine lassen auf einen ehemaligen Wehrgang schließen.

Die Besiedlung Winterhausens erfolgte in fränkischer Zeit (um 600). Das neben der Kirche stehende Rathaus von 1738 und der Fachwerkbau des Kantorats bilden mit dem Kirchturm einen schönen Ortsmittelpunkt.

Schlüssel zur Kirche: Evang.-luth. Pfarramt, Hauptstraße 2, Tel. 09339/205

Zurück über die Mainbrücke kommen wir in den am rechten Mainufer liegenden Ort

***Sommerhausen.***

*Hier sollte man nicht versäumen, einen Gang durch den romantischen und malerischen Ort zu unternehmen. Der am westlichen Ausgang des Ortes liegende Friedhof hat neben vielen alten Grabsteinen noch eine Besonderheit aufzuweisen. Es ist die zwischen den Arkaden stehende reliefgeschmückte Freikanzel von 1609, auf die bereits in der Einleitung hingewiesen wurde.*

*Durch das untere Tor gelangen wir in die Hauptstraße. Das im Turm befindliche Theater - das kleinste Deutschlands - hat unter dem Künstler Luigi Malipiero in der Nachkriegszeit Sommerhausen weit über die Grenzen Frankens bekanntgemacht. In der Ortsmitte liegt das Rathaus, ein stattlicher Renaissancebau von 1558 mit hohem Treppengiebel. Gleich daneben steht die evang.-luth. Pfarrkirche St. Bartholomäus. Das ebenfalls an der Hauptstraße stehende Schloß (15./16.Jh.) der Herren von Limburg , das gleichfalls einen hohen Treppengiebel hat, prägt das Ortsbild. Zwei alte Brunnen mit Standbildern erinnern an frühere Zeiten. Die aus dem 16. Jh. stammende Stadtbefestigung mit hoher Wehrmauer und Rundtürmen sowie drei Tortürmen, ist noch gut erhalten. Mit seinen engen Gassen, schönen Hausfassaden, kunstvollen Wirtshausschildern und*

Friedhofskanzel

*den Brunnen zählt Sommerhausen zu den altertümlichsten Weinorten am Main. Durch das obere Tor verlassen wir den schmucken Ort und kommen auf der B 13 nach*

## ⑱ Kleinochsenfurt

Schon von fern grüßt uns der spitze Kirchturm der kath. Pfarrkirche Maria-Schnee. Nachweislich soll an dieser Stelle schon vor 1200 eine Kirche gestanden haben. Zeugnis hiervon geben romanische Mauerreste am Turmuntergeschoß und am

Langhaus. Auf Betreiben des Würzburger Domkapitels erhielt das Gotteshaus im Jahre 1614 nachgotische Zubauten, sowie es sich heute darstellt. Die Innenausstattung (Kanzel, Altäre und das Chorkreuz) gehören dem Barock- und Rokokostil an. Der Hochaltar aus dem 17.Jh. stand früher als Nebenaltar im Würzburger Dom und wurde 1793 den Kleinochsenfurtern geschenkt. Die beiden Seitenfiguren, die hll. Anna und Joachim wurden von dem Hofbildhauer Johann Peter Wagner gefertigt.

Die frühere Friedhofsbefestigung ist teilweise noch gut erhalten. Auf der Südseite befinden sich Schießscharten in Form schmaler, rechteckiger Schlitze. Der Bildhauer und Steinmetzmeister Otmar Kleindienst hat neben der Kirche einen Museumsfriedhof mit Grabsteinen der vergangenen 100 Jahre angelegt, dessen Besuch mit der Kirchenbesichtigung verbunden

werden kann. Außerdem hat er in seinem Betrieb ein kleines interessantes Museum mit Fossilien aus dem Muschelkalk.

Die Geschichte Kleinochsenfurts geht in das 8.Jh. zurück. Schon um 740 entstand hier ein Frauenklösterchen, das dem Kloster Kitzingen unterstellt war. Die hl. Thekla, aus England stammend, wirkte hier segensreich als Vorsteherin des kleinen Benediktinerinnenkonvents. 1990 haben die Bewohner Kleinochsenfurts ihr 1250-jähriges Jubiläum gefeiert.

Urkundlich erscheint der Ort als „Ohsnofurt" im Jahre 1254. In einer weiteren Urkunde vom 20.1.1379 heißt es u.a. „zu cleinen Ochssenfurt". Feststeht, daß Kleinochsenfurt älter als die Stadt Ochsenfurt ist, und daß sich hier die Furt über den Main befand.

Oberhalb des Ortes steht ein runder hoher Turm, Warth-Turm genannt. Der wohl aus dem 15. Jh. stammende Turm diente in erster Linie zur Beobachtung. In Kriegszeiten wurden die Bewohner vor heranrückenden Feinden gewarnt, desgleichen konnten bei Feuersnöten die Einwohner rechtzeitig alarmiert werden.

Kleinochsenfurt ist seit der Gebietsreform ein Stadtteil von

***Ochsenfurt.***

*Der Ursprung Ochsenfurts liegt linksmainisch an der Südspitze des Maindreiecks. Nach den Aufzeichnungen erfolgte in der 2. Hälfte des 12. Jh. die Stadtgründung durch das Hochstift Würzburg. 1254 entstand bereits eine Holzbrücke über den Main. Im Jahre 1295 verkaufte Bischof Mangold die Stadt Ochsenfurt an das Würzburger Domkapitel. Im 14.Jh. wurde die Stadt nach Osten erweitert. Gleichzeitig dürfte in dieser Zeit auch die Stadtbefestigung erbaut worden sein, die heute mit ihren Türmen und Mauern dem Besucher einen romantischen Anblick bietet. Ochsenfurt besitzt außerdem einen der reizvollsten Marktplätze der Maingegend. Im Blickpunkt steht das neue Rathaus von 1484/96 mit seiner schönen Fassade und dem hübschen schiefergedeckten Erkertürmchen. In die alte Stadtuhr wurde 1560 ein kunstvolles Spielwerk eingebaut. Der Marktplatz wird von vielen herrlichen Fachwerkhäusern umrahmt. Die kath. Stadtpfarrkirche St. Andreas bildet das Gegenstück zum Rathaus. Das Gotteshaus geht mit seinem Turm auf einen 1288 geweihten frühgotischen Bau zurück. Der Chor und die dreischiffige Halle des Langhauses wurden in der 2. Hälfte des 14. Jh. errichtet. Die spätgotischen Seitenkapellen sind gegen Ende des 15. Jh. angebaut worden. Die Kirche besitzt insgesamt eine reiche Innenausstattung aus verschiedenen Jahrhunderten. Hingewiesen wird auf die Holzfigur des hl. Nikolaus aus der Zeit um 1510, wohl eine eigenhändige Arbeit Tilman Riemenschneiders. Viele weitere Sehenswürdigkeiten können bei einem Rundgang durch das Städtchen entdeckt werden.*

*Außerhalb der Stadt, an der B 13 in Richtung Uffenheim, steht die St. Wolfgangskapelle, die früher Ziel vieler Wallfahrer war. Mit ihrem Bau wurde 1462 begonnen, in der Barockzeit erhielt der Turm seine heutige Kuppel (1738). Aus der Renaissance stammt die 1551 aus Sandstein gefertigte Kanzel, an deren Sockel die drei göttlichen Tugenden Glaube, Hoffnung und Liebe dargestellt sind. Die Barockaltäre entstanden um 1700 und zeigen im Hochaltar den Kirchenpatron St. Wolfgang, im rechten Altarbild die Muttergottes und im linken Seitenaltar Antonius von Padua.*

*Alljährlich am Pfingstmontag findet nach altem Brauch der St. Wolfgangsritt statt.*

*Das Gotteshaus, das daneben stehende Mesnerhaus sowie die Brunnenstube wurden in den Jahren 1986/89 durchgreifend saniert. Es ist ein Kleinod an der vielbefahrenen Straße. Ein Parkplatz unterhalb der Kirche lädt zum Verweilen ein.*

Der Schlüssel zur Kirche ist im Mesnerhaus erhältlich.

*Zurück über die Mainbrücke geht es rechts zu dem 2 Kilometer entfernten und am rechten Mainufer liegenden Weinort*

***Frickenhausen.***

*Überragt wird der Ort von dem Turm der kath. Pfarrkirche St. Gallus, dessen Untergeschosse in das 13. Jh. zurückgehen. 1615 erhielt der Turm sein heutiges Aussehen. Das Langhaus wurde im 16./17.Jh. errichtet. Der kostbarste Schmuck der Kirche ist der im Jahre 1617 geschaffene Renaissancehochaltar von dem Windsheimer Bildhauer G. Brenck, dem ebenfalls der seitliche Marienaltar zugeschrieben wird. Der andere Seitenaltar ist dem hl. Sebastian geweiht (frühbarock um 1650). Die Holzfigur des hl. Sebastian wurde Mitte des 16. Jh. gefertigt. Bemerkenswert ist der außen am Chor befindliche Ölberg aus dem Anfang des 16. Jahrhunderts. Nicht wie üblich ein Engel, sondern Gottvater reicht Jesus den Kelch.*

*Das Rathaus, das sich westlich an die Kirche anschließt, wurde im 15./16.Jh. erbaut. Originell ist die Freitreppe. Vor dem Rathaus steht eine Mariensäule aus dem Jahre 1710.*

*Das Städtchen, mit dem besonders gut angelegten Marktplatz, ist reich an stattlichen Bürgerhäusern. Die Stadtbefestigung aus dem 15./16.Jh. ist streckenweise nur noch in halber Höhe, jedoch ohne Unterbrechung erhalten. Von den vier erhaltenen Stadttoren ist das Maintor von 1477 besonders reizvoll.*

*Das Städtchen am Main, angelehnt an seine Weinberge, wurde schon 819 erwähnt.*

*Inmitten der Weinberge steht die Valentinuskapelle von 1699. Von hier hat man einen weiten Blick über das Maintal. Die Weine Frickenhausens haben einen guten Ruf.*

*Wir fahren mainaufwärts weiter und kommen in den Gärtner- und Winzerort*

## ㊾ Segnitz

Die evang.-luth. Pfarrkirche St. Martin liegt am östlichen Dorfrand. Um 1250 wird an dieser Stelle mit dem Bau einer Martinskapelle mit Turm begonnen. Etwa um 1600 erfolgte der Neubau des Langhauses und die Erhöhung des Kirchturms. Reste der Kirchhofbefestigung lassen erkennen, daß die ganze Anlage mit Gräben, Mauern, Wehrgängen und Türmen gut geschützt war. Der Zeitpunkt der Entstehung ist nicht bekannt.

Der Ort wird erstmals 1142 in einer Schenkungsurkunde als „villa segninez" genannt. In einer weiteren Urkunde vom 8.12.1208 wird Segnitz dem Kloster Auhausen gegenüber zehntpflichtig. 1448 erhielt Segnitz eine eigene Pfarrei. Am 2.2.1601 ist die Einführung des ersten evanglischen Pfarrers. 1520 war das Dorf von einem tiefen Graben, einem Wall und einer dichten Hecke umgeben. Später wurde der Ort mit Mauern und Türmen versehen. Zeugnis davon gibt der an der Südwestecke des Dorfes stehende wehrhafte Turm. Ein sehenswerte Bau ist das Rathaus, das in der Zeit von 1587 bis 1591 errichtet wurde.

Schlüssel zur Kirche: Evang.-luth. Pfarramt, Kirchstraße 4, Tel. 09332/245

Über die erstmals 1893 gebaute, 1945 gesprengte und 1949 wieder errichtete Mainbrücke gelangen wir nach

## ⑤⓪ Marktbreit

Durch das malerische Maintor betreten wir das Städtchen. Über den Markt und die Marktstraße erreichen wir den Schloßplatz mit dem markanten Seinsheimschen Schloß, im Stil der Spätrenaissance 1580 erbaut. Gleich daneben steht die evang.-luth. Stadtpfarrkirche St. Nikolaus mit dem mächtigen Chorturm. Bereits im Jahre 1293 wird eine Nikolaikapelle erwähnt, die 1324 Pfarrkirche wurde. Der Turmunterbau gehört dem 13.Jh. an, Aufbauten erfolgten 1587 und 1703. Das Langhaus wurde 1438 erweitert und in den Jahren 1590/98 verändert. Eine tiefgreifende Renovierung des Kircheninneren fand 1960/61

statt. Bemerkenswert ist der Taufstein von 1569, die prunkvolle Barockkanzel von 1737 und zwei Altarflügel des einstigen Hochaltars, sowie eine Kreuzigungsgruppe von 1730. Die Emporenmalerei enthält Bilder aus dem Alten und Neuen Testament. Viele Epitaphien erinnern an die Grafen von Seinsheim. Von der früheren Kirchhofbefestigung sind noch Mauerreste vorhanden.

Im Friedhof, 1566 vor das Steigtor verlegt, steht eine Freikanzel von 1600. Die Arkadenanlage enthält eine große Anzahl von künstlerisch wertvollen Grabdenkmälern. Der ebenfalls außerhalb der Stadt am Mainhafen stehende Kran von 1773 wird von den Besuchern der Stadt viel bewundert und zählt zu den technischen Geschichtsdenkmälern Frankens. Er erinnert daran, daß Marktbreit in früherer Zeit zu den bedeutendsten Handels- und Umschlagplätzen in Deutschland zählte. Die Häuser der Innenstadt stehen als Ensemble unter Denkmalschutz. Es handelt sich insbesondere um malerische Fachwerkhäuser aus dem 15./16.Jh. und um historisch interessante Bürgerhäuser aus dem 16. bis 18. Jahrhundert. Beeindruckend ist das Rathaus von 1579, mehrere prachtvolle Patrizierhäuser und der Fachwerkbau des Hotels „Zum Goldenen Löwen". Bekannt ist der Malerwinkel am Breitbach.

Die Gründungsgeschichte Marktbreits (früher Niedern- oder Unternbreit genannt) liegt im dunkeln. Mit der Besiedlung am Unterlauf des Breitbachs dürfte frühestens im 11. Jh. begonnen worden sein. In einer Casteller Urkunde von 1258 wird der Ort erstmals genannt, der Name „Broite" erscheint bereits 1293. Im Jahre 1557 wird er zum Markt erhoben (daher der Name Marktbreit). Durch König Max I. von Bayern wurde dem Marktort das Prädikat einer Stadt (3. Klasse) verliehen.

Im 16. Jh. erhielt Marktbreit eine feste Umwallung mit Türmen und Toren, die heute noch von der früheren Wehrhaftigkeit kündet. Den schönsten Blick auf das Städtchen und in das Maintal hat man vom „Käppele" oberhalb des Ortes. Ganz in der Nähe wurde bei Ausgrabungen in den letzten Jahren ein ehemaliges Römerlager entdeckt.

Schlüssel zur Kirche: Evang.-luth. Pfarramt, Pfarrgasse 12, Tel. 09332/1449

Zwischen Marktbreit und Kitzingen liegt am linken Mainufer die Stadt

## (51) Marktsteft

Die evang.-luth. Stadtpfarrkirche St. Stephanus ist ein nachgotischer Bau von 1623/25. Von der Innenausstattung ist der prächtige Renaissance-Taufstein, ein Holzkruzifix aus der Zeit um 1550 und der Altar mit Kreuzigungsbild von 1729 hervorzuheben. Die frühere Befestigungsanlage ist noch weitgehend erhalten. Die Wehrmauer mit Schießscharten und die Kirchgaden (1593) sind noch gut zu erkennen. Aus dem Ring der Befestigung hebt sich der 1750 errichtete Rathausturm hervor, von dem der Zugang zum Kirchenbezirk überwacht werden konnte.

Das Rathaus mit Pranger wurde 1608/O9 erbaut. Sehenswert ist das Keerlhaus in der Herrnstraße 5, ein hübscher spätbarocker Bau mit Mansardendach.

In dem 1584 angelegten Friedhof steht eine der seltenen Freikanzeln. Unter den Holzarkaden stehen kunstvolle Epitaphien (18. Jh.) früherer Patrizierfamilien.

Der Name des Städtchens ist auf den Kirchenpatron St. Stephanus zurückzuführen. Urkundlich wird der Ort erstmals 1216 erwähnt. Im 14. Jh.herrschten hier die Grafen von Hohenlohe-Brauneck, im Jahr 1449 kam es an den Ansbacher Markgrafen Albrecht Achilles. 1729 wurde der Ort zum Markt erhoben, 1869 bekam Marktsteft die Stadtrechte verliehen. Unter dem Markgraf Carl-Wilhelm-Friedrich erhielt der Ort um 1730 einen Mainhafen, später einen Kranen, ein Lagerhaus und eine Schranne. Im Jahre 1777 erfolgte von hier aus die Verschiffung markgräflicher Truppen, die für England im Unabhängigkeitskrieg in Amerika kämpften.

Schlüssel zur Kirche: Evang.-luth. Pfarramt, Hauptstraße 31, Tel. 09332/1385

Zurück nach Marktbreit folgen wir dem Breitbach aufwärts und gelangen nach kurzer Fahrtzeit nach

## ㊾ Obernbreit

Die evang.-luth. Pfarrkirche St. Burkard liegt auf dem Kirchberg über dem Ort. Bereits 1462 wird eine Kirchenburg mit Friedhof erwähnt. Das heutige Gotteshaus wurde 1731/32 errichtet. Der Bau ist eine schlichte Saalkirche mit hohen Fenstern und einem Mansarddach. Das Hochaltarbild von 1662 enthält eine Kreuzigungsszene. Links und rechts stehen die Figuren der Apostel Petrus und Paulus. Der reizvolle Taufstein mit Engelsköpfen und Beschlagwerk verziert, wurde 1635 gestiftet. Die kunstvolle Moseskanzel ist 1694 gefertigt worden.

Von der früheren Befestigung sind noch hohe Mauerreste erhalten. Eine schriftliche Nachricht besagt, daß Fürstbischof Johann III. von Würzburg im Krieg mit Markgraf Albrecht Achilles nach viertägiger Belagerung den befestigten Markt samt der Friedhofsbefestigung eingenommen und geplündert hat.

In der Marktmitte steht das stattliche Rathaus von 1609/10 und in der Nähe ein Bäckerhaus (Fachwerkbau aus dem 18. Jh.) mit steinernem Verkaufstisch.

Der Ort wird 1268 erstmals als „broite superior" genannt. Im 13./14.Jh. war das Dorf in castellschem und hohenlohischem

Besitz. 1448 ging Obernbreit, zusammen mit fünf weiteren „Maindörfern“, in den Herrschaftsbesitz des Ansbacher Markgrafen Albrecht Achilles über. Von 1650 bis 1730 war Obernbreit Sitz des Oberschultheißenamtes für die sechs ansbachischen Maindörfer Obernbreit, Gnodstadt, Marktsteft, Martinsheim, Oberickelsheim und Sickershausen. Durch Obernbreit lief die einzige Verbindung zum ansbachischen Mainhafen Marktsteft. Die Folge war die Ansiedlung zahlreicher Handels- und Handwerkerbetriebe. Mit der Angliederung Frankens an das Königreich Bayern (1814) verlor Obernbreit seine frühere Bedeutung. Im Strukturwandel der Zeit nach dem 2. Weltkrieg wurde der Ort immer mehr zu einer Wohngemeinde mit verschiedenen Dienstleistungsbetrieben.

Schlüssel zur Kirche: Evang.-luth. Pfarramt, Kirchgasse 37, Tel. 09332/220

Wenige Kilometer von Obernbreit entfernt liegt das Dorf

## (53) Iffigheim

Die kath. Pfarrkirche St. Johann Baptist liegt erhöht am südöstlichen Ortsrand. Der Bau des Gotteshauses geht in das 13. Jh. zurück. Im Jahr 1898 wurde der Turm mit Rundbogenfries erhöht und das Langhaus erweitert. Die Kirche hat eine klassizistische Ausstattung. Die Deckenfresken aus dieser Zeit zeigen die Taufe Christi und in vier Medaillons die Evangeli-

sten. Auf dem Spruchband des Evangelisten Johannes steht nicht der Anfang des Johannesevangeliums, sondern die Anmerkung, daß am 16.8.1898 erstmals die Post von Marktbreit nach Hüttenheim gefahren ist. Am Aufgang zur Kirche steht ein spätgotischer Bildstock. Von der im 13. Jh. bereits vorhandenen Kirchhofbefestigung sind heute noch Gaden und Mauerreste vorhanden.

Nur einige Kilometer entfernt liegt

## (54) Tiefenstockheim

Die kath. Pfarrkirche St. Peter und Paul liegt erhöht auf einer Bergnase über dem Dorf. Nach der örtlichen Überlieferung soll

das erste Gotteshaus eine Holzkirche gewesen sein. Bei dem heutigen Kirchenbau handelt es sich um eine nachgotische Anlage von 1631/37. Im Jahre 1898 wurde das Langhaus nach Westen verlängert, wobei Teile der Befestigung und einige Kirchgaden aus dem 15./16. Jh. verlorengingen. Die Altäre sind neugotisch. Die Kanzel mit den Evangelisten und ihren Symbolen stammt aus der Zeit um 1700. Die Kreuzigungsgruppe an der Nordwand des Langhauses wurde im 18. Jh. gefertigt. Auch die beiden Figuren der Kirchenpatrone am Chorbogen stammen wahrscheinlich aus der früheren Ausstattung.

Eine hohe Mauer mit Schießscharten steht an der Nordseite, geringe Mauerreste befinden sich außerdem an der Ost- und Südseite. Mehrere unterkellerte Kirchgaden sind ebenfalls noch vorhanden.

Funde aus der Hallstattzeit weisen auf eine vorgeschichtliche Besiedlung der Gegend um Tiefenstockheim hin. Das Domkapitel Würzburg hatte schon im 12. Jh. Besitz im Ort. Das neben der Kirche stehende Rathaus mit Fachwerkobergeschoß ist mit der Jahreszahl 1582 bezeichnet. Zahlreiche Bildstöcke und Hausfiguren schmücken den Ort.

Von Tiefenstockheim gelangen wir in den nahe gelegenen Markt

## (55) Herrnsheim

Die evang.-luth. Pfarrkirche St. Martin, eine Simultankirche, liegt erhöht am nördlichen Ortsrand. Zu der Kirchenburganlage führt ein nachgotisches Spitzbogentor. Der Turm, als ältester Teil des Gotteshauses mit schönem Rundbogenfries, geht in das 12. Jh. und der frühgotische Chor in die Zeit um 1300 zurück. Das Langhaus wurde im 18. Jh. umgebaut. Sehenswert im Kircheninnern sind der frühgotische Chor mit Sakramentshäuschen von 1400 und der Taufstein in Kelchform von 1607. Die annähernd sechseckige Anlage ist heute noch vollständig mit Mauern und Gaden umgeben. Alle Gaden sind unterkellert, die Obergeschosse haben Fachwerk. Die ganze Anlage ist in einem sehr guten Zustand.

Der Ortsname Herrnsheim - „Heim des Hemo“ - zeigt auf die Besiedlung durch die Franken im 6. Jh. hin. Urkundlich wird

das Dorf erstmals 1155 genannt. Um 1300 gehört der Ort zu den Reichsgütern „unter den Bergen“, 1300 kam er in den Besitz derer von Hohenlohe, im Jahre 1435 ging er durch Kauf an die Herrschaft Schwarzenberg über. Das Marktrecht wurde im Jahre 1583 verliehen.

Zu den Sehenswürdigkeiten des Dorfes zählt neben dem Rathaus aus der 1. Hälfte des 17. Jh. der sog. Eichbrunnen von 1524 im unteren Dorf. Hier wurden, nach vorhandenen Unterlagen, die Weingefäße der Wirte und Häckerwirtschaften geprüft und geeicht. Derartige Brunnen waren in Franken öfters vorhanden.

Schlüssel zur Kirche: Mesnerin Frau Gertrud Dürr, Tel. 09326/427

Nach wenigen Fahrtminuten erreichen wir

## ⑸ Willanzheim

Die kath. Pfarrkirche St. Martin steht etwas erhöht inmitten des Dorfes. Der Turm aus dem 14. Jh. und das Langhaus von 1699 wurden in den letzten Kriegstagen 1945 durch Brand stark beschädigt. 1948 wurde das Langhaus nach alten Plänen wieder aufgebaut, der Turm um ein Stockwerk erhöht und 1965 mit Kuppel und Laterne versehen. Das Altarbild des Hochaltars zeigt den Kirchenpatron St. Martin. Die Seitenaltäre enthalten moderne Schnitzereien. Beachtenswert ist die künstlerisch gut

gelungene Kanzel mit den vier Evangelisten. Den Schalldeckel schmückt ein Engel mit den Gebotstafeln.

Bis zur Kriegszerstörung 1945 war die ganze Anlage von Gaden umgeben. Gut erhalten sind noch einige mit Schießscharten im Süden zur Straße hin. Im Osten stehen noch hohe Mauerreste ebenfalls mit Schießscharten. Das Torhaus ist mit 1587 bezeichnet. Die westliche Mauer ist noch teilweise erhalten, der nördliche Teil ist jedoch nicht mehr vorhanden.

Die Besiedlung durch die Franken erfolgte im 6. Jahrhundert. Hier stand in dieser Zeit ein fränkischer Königshof. Der Ortsname leitet sich von dem „Heim des Wielands“ ab. Im Jahre 741 erfolgte die erste urkundliche Erwähnung der Martinskirche.

Sehenswert sind ferner zwei Feldkapellen und mehrere Bildstöcke an den Orts- und Straßenrändern aus dem 18./19. Jahrhundert.

Bei der Weiterfahrt in nördlicher Richtung stoßen wir auf die B 8 und sind damit wieder an unserem Ausgangspunkt Iphofen angelangt.

*Hinweis:*

*Wie schon in der Einleitung erwähnt, sollte man nicht vergessen, der Kreisstadt Kitzingen am Main einen Besuch abzustatten. Wir biegen deshalb auf die B 8 nach links ab und kommen zunächst nach*

***Mainbernheim.***

*Hier empfiehlt es sich, das Auto vor dem oberen Tor abzustellen und einen Spaziergang durch das mittelalterliche Städtchen zu machen. Die Anfänge des Ortes gehen in die Zeit der fränkischen Besiedlung zurück. Die erste urkundliche Erwähnung war im Jahre 889. Die Stadtrechte wurden Mainbernheim im Jahre 1382 verliehen. Von 1525 - 1791 war die Stadt im Besitz der Ansbacher Markgrafen.*

*Bevor wir durch das obere Tor in die Stadt eintreten, bietet sich bereits ein einzigartiger Blick auf die Stadtmauern mit ihren Türmen aus der Zeit Ende des 14. Jahrhunderts. Das obere Tor mit achteckigem Obergeschoß, Mansarddach und Laterne stammt aus dem 18. Jahrhundert. Wir kommen nun in die von Fachwerkhäusern gesäumte Herrnstraße, die das Städtchen von Ost nach West durchquert. Die evang.-luth. Pfarrkirche mit dem Langhaus von 1732/33 und dem sechsgeschossigen Turm, sowie das Rathaus von 1548 in den Formen der Spätgotik und der Frührenaissance bilden den Mittelpunkt des Ortes. Durch das untere Tor kommen wir zu dem Friedhofsportal von 1564. Beim Durchschreiten fällt uns sofort die gut erhaltene Friedhofskanzel auf, die 1617/18 erbaut wurde. Sie zählt zu den schönsten Freikanzeln in Franken.*

*Weiter geht es auf der B 8 nach*

***Kitzingen,***

*die „weinfrohe" Stadt am Main.*

*Bereits im 8. Jh. wurde hier ein Kloster gegründet. Im Jahre 1007 erfolgte die erste urkundliche Erwähnung, als das Kloster durch Kaiser Heinrich II. dem Bistum Bamberg übergeben wurde. Im Laufe der Jahrhunderte gab es immer wieder einen Wechsel in den Herrschaftsverhältnissen. Durch König Sigismund wird 1440 das Stadtrecht bestätigt. Im Jahre 1629 wurde die Stadt in einem Prozeß vor dem Reichshofrat wieder dem Bistum Würzburg zugesprochen.*

*Die bedeutendste Sehenswürdigkeit ist die kath. Pfarrkirche St. Johannes d. Täufers. Der heutige Bau, der auf den Fundamenten einer romanischen Kirche ruht, geht in das 15. Jh. zurück. Die Innenausstattung ist reichhaltig und sehenswert.*

*Die evang.-luth. Pfarrkirche von 1686 besticht durch ihre prächtige Fassade mit der Figur des Johannes d. Täufers über dem Kirchenportal.*

*An die bedeutende jüdische Gemeinde erinnert die in den letzten Jahren stilvoll renovierte Synagoge aus dem vorigen Jahrhundert.*

*Ein stattlicher Renaissancebau ist das in den Jahren 1561-63 errichtete Rathaus am Marktplatz. Der Marktbrunnen mit der Figur des hl. Kilian aus der 1. Hälfte des 18. Jh. ergänzt den Platz mit seinen stolzen Bürgerhäusern. Von der ehemaligen Stadtbefestigung ist noch der Falterturm aus den Jahren 1469-96 erhalten. Der schief aufgesetzte Spitzhelm zählt zu den Wahrzeichen der Stadt. Im Innern beherbergt er das Deutsche Fastnachtsmuseum, dessen Besuch man nicht versäumen sollte.*

*Die alte Mainbrücke von 1300 führt direkt zu der von Balthasar Neumann von 1741-45 erbauten kath. Heilig-Kreuz-Kirche von Etwashausen. Der Blick von der linken Mainseite auf das reizvolle Städtchen ist ein guter Abschluß des Rundgangs.*

## Die Rhön – Land der offenen Fernen

Zwischen Spessart und Vogelsberg im Süden und Westen, dem Hessischen Bergland und dem Thüringer Wald im Norden und Osten liegt im Herzen der deutschen Mittelgebirge die Rhön. Das Gebiet hat eine Ausdehnung von ca. 90 mal 50 Kilometern, mit einer Bevölkerung von rd. 300 000 Einwohnern, von denen etwa 155 000 Hessen und rd. 70 000 Bayern sind, während etwa 75 000 zu Thüringen gehören. Im Rhöngebirge sind 3 Landschaftstypen erkennbar. Die Hohe Rhön mit Wasserkuppe, Kreuzberg und das Dammersfeld, die kuppige Rhön und die Vorderrhön.

Das Landschaftsbild ist weitgehend durch die vulkanische Entstehung dieses Mittelgebirges gekennzeichnet. Kuppen, Kegel und Hochmoore (das Rote und Schwarze Moor) formen die Landschaft. Dem vulkanischen Ursprung der Rhön verdanken die berühmten Heilquellen ihre Entstehung. Sie ist zudem sehr wasserreich. Nach allen Seiten fließen ihre Bäche. Besonders reizvoll sind die Täler der Fulda, der Sinn, der Streu, der Brend und der Fränkischen Saale. In den Tälern und auf den Bergen findet man eine reiche und seltene Flora.

Die kulturelle Entwicklung der Rhön ist weitgehend geprägt von den geistlichen Fürstentümern Fulda und Würzburg. Ihr Wettstreit führte dazu, daß in diesem Gebiet viele herrliche Kirchen und sonstige Baudenkmäler zu finden sind. Viele Burgen erinnern an bekannte Adelsgeschlechter. Wunderschöne und unverbaute Ortskerne bereichern die Landschaft. Mit über fünftausend Kilometer Wanderwegen ist die Rhön die „Nummer 1“ der deutschen Wandergebiete. Höchster Berg ist die Wasserkuppe mit 950 Metern. Sie gilt als die Geburtsstätte des Segelfluges. Auch die zweithöchste Erhebung, der Kreuzberg mit 928 Metern, ist weit über die Grenzen hinaus bekannt. Er ist der „heilige Berg“ der Franken, der von vielen Wallfahrern besucht wird. Nach der Überlieferung soll der Frankenapostel Kilian mit seinen Gefährten Kolonat und Totnan im 7. Jahrhundert auf diesem Berg ein Kreuz errichtet haben.

Ein bekannter Vers lautet:

*„Mitten drin im deutschen Garten*
*liegt verträumt die Hohe Rhön,*
*reich an Kuppen, reich an Mooren,*
*einsam still und weltverloren,*
*herb und rauh und dennoch schön."*

Ein anderer Spruch wendet sich an die Wanderer:

*„Zieh' an die Wanderschuh'*
*und nimm den Rucksack auf*
*und wirf die Sorgen ab,*
*marschier' zur Rhön hinauf!"*

## Das Grabfeld –
## Gottesgarten zwischen Bergen und Hügeln

Bei unserer Fahrt durch Unterfranken kommen wir u.a. auch durch das Grabfeld, dessen Mittelpunkt die Stadt Bad Königsofen ist. Der Name wird nach Dr. F.G. Benkert von der Grabfelddonoburg hergeleitet, die bei Münnerstadt lag.

Die Grenzen des Grabfelds bilden im Süden die Haßberge, im Osten und Norden das Land Thüringen und im Westen die Rhön, wobei Teile der Rhön noch zum Grabfeld gehören. Zum Grabfeldgau, wie er auch genannt wird, gehörten die Untergaue Salzgau, Baringgau und Westergau.

Das Grabfeld spielte im Mittelalter eine wichtige Rolle als politischer und kultureller Berührungspunkt zwischen Franken und Thüringen. Die wichtigsten Territorialherren dieses Gebietes waren die Grafen von Henneberg. Im Jahre 1000 gelangte der riesige Salzforst durch Schenkung Kaiser Otto III. an das Hochstift Würzburg. Nach dem Aussterben der Henneberger im Jahre 1583 kam der größte Teil dieser Herrschaft ebenfalls an Würzburg, welches jahrhundertelang dem ganzen Grabfeld seinen politischen und kulturellen Stempel aufdrückte.

## Der Spessart – Wälder, Wiesen, Täler

Der Spessart gilt als größtes zusammenhängendes Waldgebiet in Deutschland mit einer natürlichen räumlichen Begrenzung. Diese Grenzen sind im Norden und Nordwesten das Tal der Kinzig, im Osten das Sinntal bis zur Einmündung in den Main, im Südosten, Süden und Südwesten der Main. Im Heimatkundeunterricht lernen die Schüler folgenden Vers: „Kinzig, Sinn und Main, schließen all' den Spessart ein". Die Städte Lohr, Wertheim, Miltenberg und Aschaffenburg können als Eckpfeiler des Spessarts bzw. des Mainvierecks bezeichnet werden.

Der Reiz des Spessartgebirges liegt in seinen Wäldern und seinen schönen Wiesentälern. Besonders bekannt sind die Eichen- und Buchenwälder um Rohrbrunn. Die Furniereichen dieses Gebietes sind sehr begehrt und erzielen hohe Preise. Als typische kleine Wiesentäler sind zu nennen: die der Sinn und Kahl, der Elsava, der Hafenlohr und des Haslochbachs. Wie grüne Adern durchziehen sie den Wald. In früheren Zeiten fürchteten Reisende und Fuhrleute das unermeßliche Waldgebiet, das nur von wenigen, dafür aber umso wichtigeren, Handeslwegen durchschnitten wurde. Räuber und sonstige Wegelagerer konnten hier ungestört ihre Raubüberfälle planen und durchführen. Wilhelm Hauffs Erzählung „Das Wirtshaus im Spessart" nährte die Räuber-Romantik. Der gleichnamige Film hat dazu beigetragen, diese Landschaft bekanntzumachen.

Heute erschließt die 1963 fertiggestellte Autobahn den Spessart. Sie zählt zu den landschaftlich schönsten Autobahnstrecken Deutschlands. Eine der größten deutschen Brücken mit einer Länge von 700 Metern und einer Höhe von 70 Metern überspannt bei Rohrbrunn das romantische Haseltal. Auch bei schneller Fahrt hat man das Gefühl, über den Baumwipfeln zu schweben.

Ein alter Handelsweg von besonderer Art ist der sogenannte „Eselsweg", der, von Schlüchtern im Norden bis Großheubach am Main im Süden, hauptsächlich auf den Bergkämmen verläuft und eine Länge von 111 Kilomertern aufweist. Auf den Rücken der Esel wurde vor allem Salz transportiert. Dieser Weg ist gut markiert und wird von Wanderern gern begangen. Wenn man wissen will, wo Schneewittchen gelebt hat, bietet sich der „Schneewittchen-Wanderweg“ von Lohr nach Bieber an. Das Lohrer Schloß soll die Heimat des schönen Mädchens gewesen sein. Glashütten und Spiegel, Bergwerke in denen die Zwerge arbeiteten, waren in diesem Gebiet ausreichend vorhanden. Im Spessartmuseum, das im Lohrer Schloß untergebracht ist, kann man heute noch den besagten Spiegel - natürlich aus Lohrer Produktion - bewundern.

Aus der Geschichte des Spessarts ist zu berichten, daß dieser um 950 von dem Kaiserenkel Herzog Otto von Schwaben dem Kollegiatsstift St. Peter und Alexander zu Aschaffenburg geschenkt wurde. Mit dem Übergang dieses Stiftes an das Kurerzbistum Mainz, kam auch der Spessart unter die Mainzer Herrschaft, ausgenommen die Gebiete, die den Grafengeschlechtern Rieneck, Wertheim, Hanau oder Erbach zugefallen waren. Jahrhundertelang dienten die Wälder in erster Linie der Jagd. Jegliche Ansiedlungen waren verboten. Verhältnismäßig sehr spät entstanden in den Waldtälern die ersten Dörfer. Jäger, Glashüttenarbeiter und Kohlenbrenner waren die ersten Siedler. Später kamen noch Töpfer und Schindelmacher dazu. Im 18. Jahrhundert sind die ersten Eisenhämmer zu verzeichnen. Diese Gewerbezweige sind heute kaum noch anzutreffen. Der Spessart hat sich nach dem 2. Weltkrieg zu einem sehr gut besuchten Fremdenverkehrsgebiet entwickelt.

# Literaturverzeichnis


Benkert, Dr. F.G.; Die wahre Lage des alten Baringaues; Hildburghausen 1852, Nachdruck 1978

Dehio, Georg; Handbuch der Deutschen Kunstdenkmäler, Band I: Franken; München 1977

Goldstadt - Ferienreiseführer, Spessart; Pforzheim 1981

Grieben - Reiseführer, Spessart; München 1974

Grieben - Reiseführer, Rhön und Haßberge; München 1975

Issing, F./Schmidt, Claus E.; 100 Jahre Landkreis Ochsenfurt, Ochsenfurt 1972

Kirchenführer, diverse; München-Zürich

Kolb, Karl; Wehrkirchen und Kirchenburgen in Franken; Würzburg 1977

Landkreis Kitzingen, Kunst- und Kulturführer (Schriftleiter: Dr. H. Bauer); Kitzingen 1986

Schneiders Rhönführer; Fulda 1989

Treutwein, Karl: Von Abtswind bis Zeilitzheim; Volkach 1987

Treutwein, Karl; Unterfranken; Heroldsberg 1978

Zöller, Edmund; Wehrkirchenstraße Teil 1 u. Teil 2; Uffenheim 1992, 1993

# Ortsregister

# *WEHRKIRCHEN* *und* *KIRCHENBURGEN* *in Unterfranken*

*(Steigerwald, Rhön, Spessart, fränkisches Weinland)*

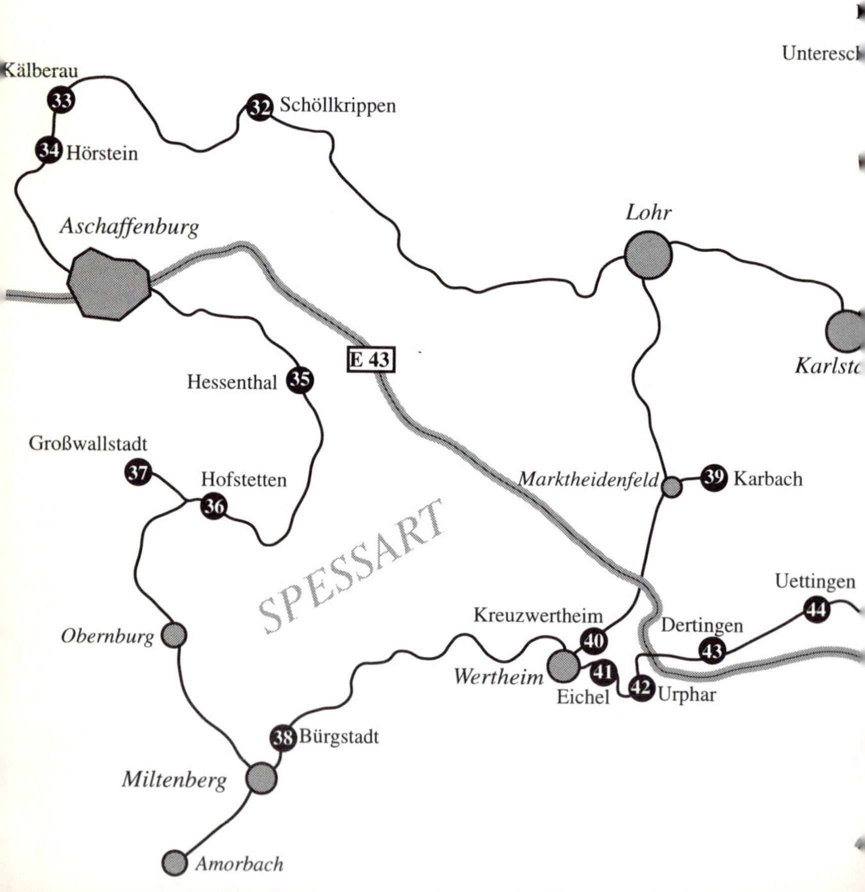

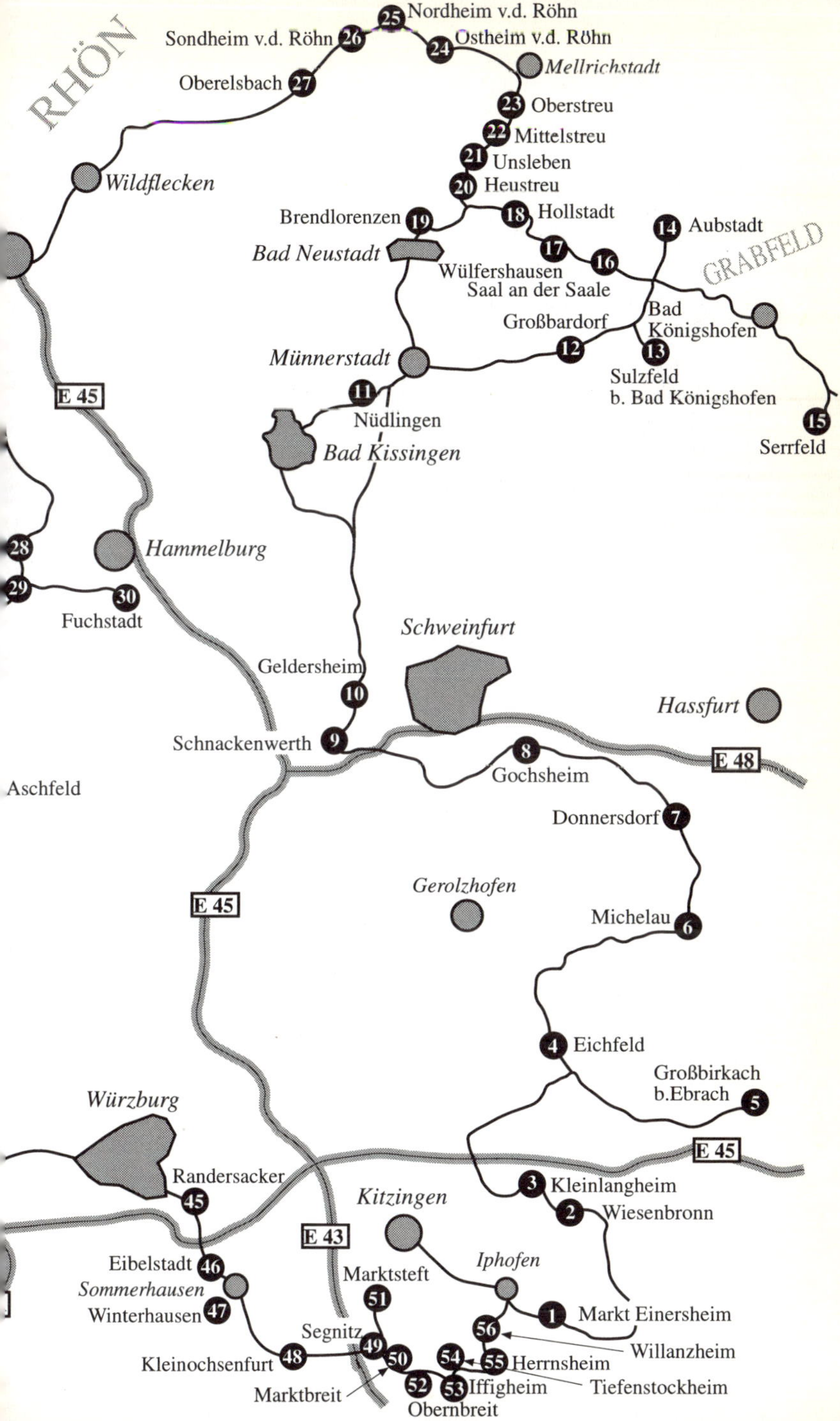
RHÖN
25 Nordheim v.d. Röhn
26 Sondheim v.d. Röhn
24 Ostheim v.d. Röhn
Mellrichstadt
27 Oberelsbach
23 Oberstreu
22 Mittelstreu
21 Unsleben
20 Heustreu
Wildflecken
19 Brendlorenzen
18 Hollstadt
14 Aubstadt
Bad Neustadt
17
16
GRABFELD
Wülfershausen
Saal an der Saale
Großbardorf
Bad Königshofen
12
13
Münnerstadt
Sulzfeld b. Bad Königshofen
11
E 45
Nüdlingen
15 Serrfeld
Bad Kissingen
28
Hammelburg
29
30 Fuchstadt
Schweinfurt
Geldersheim
10
Hassfurt
9 Schnackenwerth
8 Gochsheim
E 48
Aschfeld
7 Donnersdorf
E 45
Gerolzhofen
6 Michelau
4 Eichfeld
Großbirkach b.Ebrach
5
Würzburg
E 45
Randersacker
45
3 Kleinlangheim
Kitzingen
2 Wiesenbronn
E 43
Eibelstadt 46
Iphofen
Marktsteft
Sommerhausen
51
Winterhausen 47
1 Markt Einersheim
56
Segnitz
49
Willanzheim
48 Kleinochsenfurt
50
54
55 Herrnsheim
Marktbreit
52
53 Iffigheim
Tiefenstockheim
Obernbreit

# Inhalt



Umschlag Vorderseite: Nordheim v.d.Rhön
Umschlag Rückseite: Sondheim v.d.Rhön-Taufstein

Bildnachweis:
Edmund Zöller, Seiten: 21, 31, 47, 75, 91, 94, 103
Ferdinand Seehars, Seiten: 37, 40, 52, 54, 58, 96
alle übrigen Dieter Dietrich

Edmund Zöller

**Fränkische Wehrkirchenstraße**

Vom Rangau zum Steigerwald, durch den Naturpark Frankenhöhe, durchzieht die „Fränkische Wehrkirchenstraße" auf ca. 150 km altes fränkisches Kulturland. Erleben Sie diese vielfältige Freizeitlandschaft mit ihrer reichen Geschichte an Hand der verschiedenen Typen von Wehrkirchen, die für eine geschichtliche Spurensuche in besonderer Weise geeignet sind.
Abwechslungsreiche Landschaft, Wein und Romantik warten darauf, entdeckt zu werden.

112 Seiten, 50 Abbildungen,
eine Übersichtskarte,
3. Auflage, Broschur DM 17,80

ISBN 3-927598-10-0

Edmund Zöller

**Fränkische Wehrkirchenstraße**

Im zweiten Teil seiner „Fränkischen Wehrkirchenstraße" wendet sich Edmund Zöller dem Rangau und dem Knoblauchsland zu. Diese Landschaft erschließt der Autor an Hand von Wehrkirchen, die oft verborgene Schätze aufweisen. Hinweise auf besondere Sehenswürdigkeiten an der Fahrtroute – kultureller oder landschaftlicher Art – werden gegeben.
In dieser z.T. einzigartigen Landschaft westlich und nördlich des Großraums Nürnberg/Fürth, kommen Kultur- und Naturfreunde gleichermaßen auf ihre Kosten.

120 Seiten, 48 Abbildungen, eine Übersichtskarte, Broschur DM 17,80

ISBN 3-927598-11-9

Susanne Hillermeier

**Mittelfränkische Bocksbeutelstraße**

Führer zum Weinbau an Steigerwald, Frankenhöhe und Tauber.
Broschur, 4farbiger Umschlag,
164 Seiten, 50 Abbildungen,
DM 19,80
Ein Informations- und Probiergang durch den mittelfränkischen Weinbau gestern und heute, mit einem Abriß der Geschichte und Kultur der Gemeinden, mit Hinweisen auf Vermarkter, Kaufmöglichkeiten und Empfehlungen für Wanderfreunde.

Gertrud Schubart

**Gasseengeli – Hausteifeli**

360 fränkische Schimpf- und Spottnamen in Rothenburger Mundart mit originellen Satzbeispielen, illustriert, Broschur, DM 19,80

Gertrud Schubart

**Gueti Roetschlech**

600 fränkische Sprichwörter, illustriert, Broschur, DM 17,50, 4. Auflage

Wilhelm Staudacher

**Großvatergedichte**

In fränkischer Mundart. Für alle, die Kinder lieben. Gebunden, DM 18,80

Wilhelm Staudacher

**Liebe Menschen**

Mit Scherenschnitten von Alice Staudacher-Voit. Liebenswürdige Charakteristik
verschiedener Berufe. Engl. Broschur, DM 10,80

Wilhelm Staudacher

**Vom Glück und andere Legenden**

Mit Scherenschnitten von Alice Staudacher-Voit, Bibliophile Broschur, DM 19,80

Eva Schwarz

**Auf dieser Erde geht nichts verloren**

Gedichte, Broschur, DM 14,50

Eva Schwarz

**Laß die Freude in dein Herz**

Gedichte, Broschur, DM 14,50